国家出版基金项目
NATIONAL PUBLICATION FOUNDATION

"十三五"国家重点出版物出版规划项目—构建和谐劳动关系理论研究丛书

劳动关系源头治理研究

Research on Source Governance
of Labor Relations

孟 泉 著

中国工人出版社

图书在版编目（CIP）数据

劳动关系源头治理研究 / 孟泉著. — 北京 : 中国工人出版社, 2020.5

ISBN 978-7-5008-7356-3

Ⅰ.①劳… Ⅱ.①孟… Ⅲ.①劳动关系 – 管理 – 研究 – 中国 Ⅳ.①F249.26

中国版本图书馆CIP数据核字(2020)第061009号

劳动关系源头治理研究

出 版 人	王娇萍
责任编辑	张姗姗
责任印制	栾征宇
出版发行	中国工人出版社
地　　址	北京市东城区鼓楼外大街45号　邮编：100120
网　　址	http://www.wp-china.com
电　　话	（010）62005043（总编室）（010）62005039（印制管理中心） （010）82075935（工会与劳动关系分社）
发行热线	（010）62005996　82029051
经　　销	各地书店
印　　制	天津嘉恒印务有限公司
开　　本	880 毫米 × 1230 毫米　1/32
印　　张	6
字　　数	120千字
版　　次	2020年7月第1版　2020年7月第1次印刷
定　　价	68.00 元

目　录

绪　论

政府作为劳动关系源头治理研究的重要变量，一直是劳动关系、劳动社会学等相关学科的研究要点。在 2015 年中共中央、国务院颁布的《关于构建和谐劳动关系的意见》中，“党政主导”成为国家整体性治理劳动关系的基本原则。在坚持“党政主导”的同时，党的十九大报告明确提出“完善政府、工会、企业共同参与的协商协调机制，构建和谐劳动关系”的目标要求。党的十九届四中全会，党中央再次提出了要推动实现共建、共治、共享的社会治理格局。这些国家层面的大政方针实际上都是响应了我国目前所倡导的和谐劳动关系源头治理的理念。2010 年以来，从中央到地方，政府逐步将治理策略的方向由“堵”或“疏”转为“调”和“防”，以调解和预防等更加柔性的方式作为政府治理和企业管理劳动关系的核心机制[①]。

国家政策调整的方向有所变化，基层政府、工会和企业关于协调劳动关系的经验已经很丰富，并逐步形成了一些具有中国特色的先进经验。这些经验大都来自制造业比较集中的区域，因为本区域企业的劳动关系问题颇多，特别是群体性劳资

① 孟泉 . 集体行动与政府治理研究 . 吴清军主编 . 中国劳动关系学 40 年（1978—2018），2018，北京：中国社会科学出版社。

纠纷，促使政府和工会探索更加有效的方法和策略。从区域和企业两个层面，通过数据化、网格化甚或行业化的柔性治理方式建立预防和调解群体性劳资纠纷的机制。

从实践层面来看，劳动关系“源头治理”的内涵包括三个方面：一是政府利用信息化和区域网格化的方式来提升对劳动争议隐患的化解能力，进而加强对劳动争议的预警功能。地方政府既可以从宏观上判断区域劳动关系稳定性的程度和存在的问题，也可以从微观上对存在隐患的企业进行重点关注。二是“源头治理”根本的发力点在于企业内部，推动企业内部建立多元化的沟通、协商、协调机制。既从管理层面促进员工与企业相互理解，避免因沟通不畅导致员工与企业出现矛盾甚至争议。三是社会化劳动争议的调解机制成为源头治理模式的重要补充。以社会组织、律师事务所、人力资源咨询公司等为代表的机构作为中立且专业的第三方，可以与政府、企业协同推进企业完善内部劳动关系的管理机制，也同时成为政府公共服务的重要延伸。

2010年以来，笔者通过对珠江三角洲地区的广州市、深圳市和中山市的部分区域，环渤海地区的天津市和大连市的部分区域的深入调查，总结并提炼了这些地区政府、工会推动“源头治理”机制的先进经验，并从实践的角度提供可以为各地区政府、工会借鉴的机制、方法和策略。本书并不希望只从理论的角度对这些案例进行分析，而是要在理论分析和实用主义之间找到一个平衡点，尽量呈现具有中国特色的“源头治理”机制的基本规律和方法。

本书共分为五章，第一章主要围绕政府治理群体性劳动纠纷策略选择的议题，以天津经开区作为核心案例，通过其长期积累的处理经济性裁员事件的丰富经验，通过原则、方法、具体案例的分析等方式呈现了天津经开区经验的可借鉴之处。如果说劳动争议面临的最大问题是群体性劳动纠纷，那么最有效的方法就是通过促成劳资双方以协商的方式找到妥协的空间，并最终针对利益分歧达成共识。集体协商的机制在我国不仅具有解决群体性劳动纠纷的作用，还可以在某些区域和行业劳动关系治理的过程中发挥预防争议的作用。第二章以广州花都区和大连金普新区为例，集中考察如何在区域和企业两个层级推进集体协商机制，形成稳定劳动关系的核心策略。但是，集体协商机制并不适用于所有类型的企业，对集体协商持质疑态度的企业，集体协商机制不是最优选择。因此，如果政府和企业都希望劳动争议的预防从源头开始，就需要以更加柔性的策略来推动不同类型的企业建立沟通协调机制。第三章和第四章通过天津经开区“三个一”模式和深圳市坪山区劳资纠纷多元化调处模式的具体经验，以及大量的企业案例，从企业工会和企业行政方两个角度呈现出治理经验的具体原则、类型、策略、机制和制度。此外，在第四章中，笔者还从政府治理的角度分析了中山市火炬开发区的“八七模式”，呈现了政府从区域治理的角度，如何以网格化的方式进行建设。第五章则以深圳市坪山区在省市共建和谐劳动关系中形成的劳资争议调解社会化服务为例，对这种社会化的模式进行了讨论。

通过对以上前沿经验和经典案例的回顾与分析，笔者认为，我国目前推动建设中国特色劳动关系治理机制的工作，需要从过往积累的经验中汲取养分，从区域政府统辖引导、企业内部自主自治、社会力量协同共治的角度逐步形成治理劳动关系的基本体系。同时，政府应该细化治理的具体机制和策略，根据不同行业和类型的企业，在顶层设计中保持开放力，释放给企业和社会一定的空间，在不超越体制和法制底线的条件下，形成基于“源头治理”目标的劳动关系沟通与协调机制，最终达到构建和谐劳动关系的目的。

第一章

政府治理群体性劳动纠纷的策略选择

第一节 经济性裁员的背景

2010年国内的CPI增速和GDP增速是重要的经济背景。CPI增速回升降低了工人工资的绝对购买力，GDP增速回升则降低了工人工资的相对购买力，从社会背景来看，人口结构变化带来的“民工荒”现象和“新生代工人”特有的社会文化价值理念是主要原因。新生代工人的法律意识、维权意识不断增强，提出了共建共享等一系列诉求。另外，《劳动合同法》《就业促进法》《劳动争议调解仲裁法》等一系列维护劳工权益法律的出台以及劳工权益保护的讨论构成了经济性裁员的法律背景。

近年来，我国经济结构出现了较为明显的变化，总体经济状况呈下行趋势。这主要表现为商品市场的不景气导致大量外资企业订单下滑；各种税费引发的企业成本过高；地方产业结构升级导致部分雇佣关系不规范的企业遭市场淘汰；东南亚等国家的低人工成本导致外资企业从我国撤资等。因此，沿海地区大量的企业出现了关、停、并、转、迁的现象。工人的诉求在2011年到2015年逐渐发生了转变，即主要诉求已经不再是“涨工资”，而是集中在“要欠薪”“追社保”和“求补偿”[①]。当然，工人对工资和福利的诉求都是工人在集体行动中反映出的重要问题。

2015 年以来，受东南亚低人工成本的吸引，大量制造业企业将资本转投到东南亚等国家，使我国制造业受到一定的冲击。以大连金普新区为例，由于该开发区的企业以日资企业为主，多家大型日资企业实施了关、停、并、转，进而有较多的经济性裁员计划。经济性裁员的最大问题就是关于补偿金的分歧与争议，极易引发员工以集体行动的方式来表达其诉求，导致劳资关系冲突性加剧。

第二节　经济性裁员的制度标准

一、各地法律标准比较

1994 年，原劳动部制定了《企业经济性裁减人员规定》，对经济性裁员条件，裁员前措施、程序，不得裁减的人员，优先招用的条件等进行了规定，《劳动合同法》第四十一条从裁员条件、裁员程序、裁员保护三个方面对经济性裁员进行规范：

一是裁员条件。人数达到二十人以上或者裁减不足二十人但占企业职工总数百分之十以上，并有“依企业破产法重整”“生产经营发生严重困难”“企业转产、重大技术革新或者

① 此处的“求补偿”是指工人停工后的主要诉求是要求企业支付“经济补偿金”。

经营方式调整”以及“其他客观经济情况发生重大变化”四项裁员情形之一的。

二是裁员程序。用人单位提前三十日向工会或者全体职工说明情况，听取工会或者职工的意见，并向劳动行政部门报告裁减人员方案。

三是裁员保护。优先留用“与本单位订立较长期限的固定期限劳动合同的”“与本单位订立无固定期限劳动合同的”及“家庭无其他就业人员，有需要扶养的老人或者未成年人的”人员，并明确规定用人单位有“6个月内优先招用被裁减人员”的义务。

二、经济性裁员的判例分析

（一）裁判意见解析

通过无讼案例数据库，笔者收集、整理了2013年以来全国各级法院援引《劳动合同法》第四十一条进行审判的案例，有5719件，并重点针对具有代表性的北京、上海、广州、深圳、天津的各级法院的案例做了全面系统的分析，提炼多条权威的裁判意见，并提供部分法院的相关司法观点集成，旨在寻找在司法实践中法院审判意见的普遍性以及差异性，以期能为司法实务提供一定参考。

通过无讼案例数据库提供的数据显示：2013年至2017年，在全国各级法院援引《劳动合同法》第四十一条进行审判的案件中，基层人民法院占58.6%，中级人民法院占39.35%，高级人民法院占2.05%，如图1.1所示。

2013年至2017年，在全国各级法院援引《劳动合同法》

第四十一条进行审判的案件中，一审程序占比 59.64%，二审程序占比 38.35%，再审程序占比 1.87%，如图 1.2 所示。

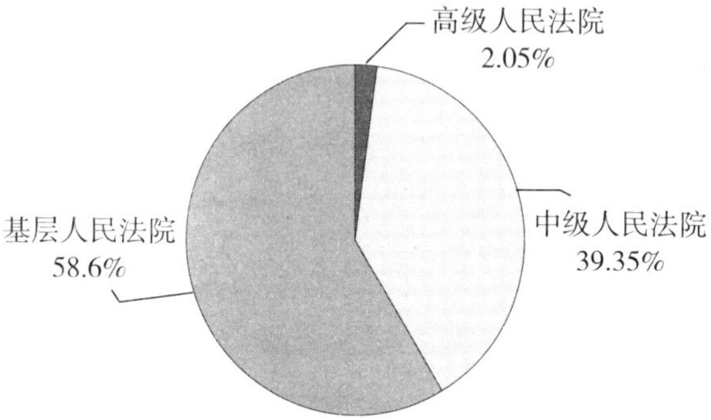

图 1.1　各级法院裁判经济性裁员案件的比例

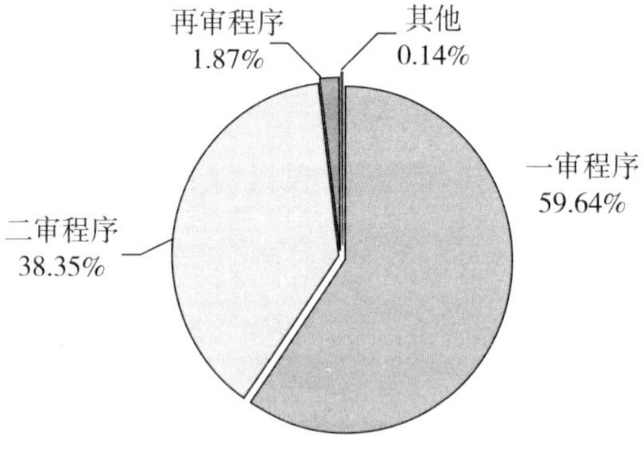

图 1.2　裁决程序的跨度

2013 年至 2017 年，在全国各级法院援引《劳动合同法》第四十一条进行审判的案件中，审判案件超过 400 件的地区有江苏省、重庆市、山东省、广东省、湖南省，如图 1.3 所示。

2013 年至 2017 年，在全国各级法院援引《劳动合同法》第四十一条进行审判的案件中，2016 年的案件数量最多，有

2141件。从年份数据上显示，2013年至2016年的案件数量呈直线上升趋势，如图1.4所示。

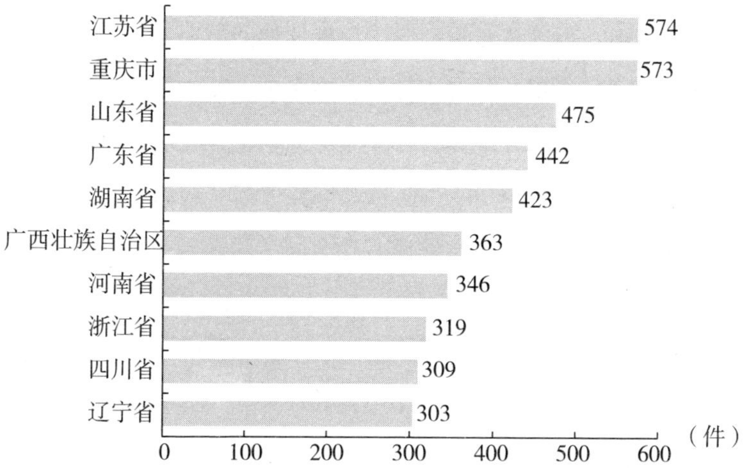

图1.3 各地按照《劳动合同法》第四十一条裁定案件的数量对比

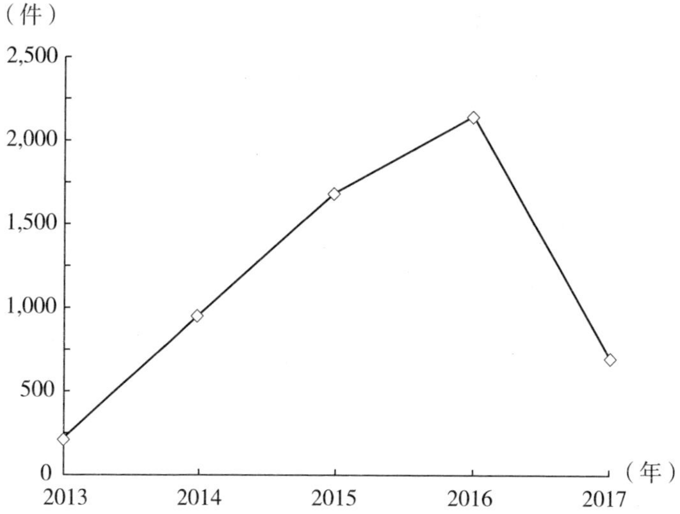

图1.4 全国各级法院援引《劳动合同法》第四十一条裁定案件的数量

（二）裁判意见精炼

1. 经济性裁员条件认定

（1）用人单位具有根据经济发展变化的需要进行组织架构调整的经营自主权，公司进行经济型裁员的原因系为贯彻《中共中央办公厅、国务院办公厅关于党政机关停止新建楼堂馆所和清理办公用房的通知》，故公司与员工订立劳动合同时所依据的客观情况发生变化，致使劳动合同无法履行，符合用人单位裁减人员的法定事由。

——（2017）京 03 民终 447 号“董曙光与中投汇沣置业有限公司劳动争议纠纷案”

（2）公司因调整整体经营方向，经董事会决议转产并停止泡沫塑料业务，同时对相关机器设备进行升级改造，并投入一批新的设备，大量采取自动化作业取代人工作业的方式。公司上述情形属于法律规定的企业转产、重大技术革新或者经营方式调整。

——（2015）闵民一（民）初字第 1808 号“黄冬美与上海闵行英特奈国际纸业包装有限公司劳动合同纠纷”

（3）公司提供了《2014 年度审计报告》《2015 年度审计报告》《工会会议记录》《经济性裁员方案》《经济性裁员人员名单》《经济性裁员备案收件回执》和会议签到表等证据，法院认定公司的经济性裁员符合《劳动合同法》第四十一条第一款的规定，无须向员工支付赔偿金。

——（2017）粤 01 民终 1989 号“龙小敏与广州天生体育

用品有限公司劳动争议纠纷案”

（4）公司提交的2014年度审计报告显示被告2013年度净亏损人民币20053498.7元，法院认为公司的经济性裁员符合相关法律规定。

——（2016）粤0306民初24371号“严仁才与深圳荣瀚电子有限公司劳动争议一审民事判决书”

（5）公司提供的审计报告等证据显示其经营处于严重的亏损状态，法院认定公司的情况符合客观情况发生重大变化之情形，公司与员工解除劳动合同的行为符合法律规定。

——（2017）津01民终3677号“李满玲与天津星地电子有限公司劳动争议”

2. 经济性裁员程序认定

（1）公司召开了相关员工的沟通会，介绍了裁员的原因、背景、时间表、工作机会、补偿方案等，明确了公司将撤销北京的业务及办公室，并迁至武汉，之后又通过召开答疑沟通会等方式履行与劳动者的协商；公司在听取工会意见后，就其裁减人员方案向朝阳区人社局进行了报告，朝阳区人社局劳动关系科回函收到公司裁减人员的相关材料，公司在裁员程序上符合法律规定。

——（2016）京03民终7582号“聂波与施耐德电气（中国）有限公司劳动争议”

（2）企业符合经济性裁员的相关情形：需要裁减人员二十人以上或者裁减不足二十人但占企业职工总数百分之十以上的，用人单位提前三十日向工会或者全体职工说明情况，听取工会或者职工的意见后，裁减人员方案经向劳动行政部门报告，可以裁减人员。公司共有员工 11 名，向劳动行政部门报告的经济性裁员人数为 2 人，占到该公司职工总数百分之十以上，属于经济性裁员的人数范围。公司因经营困难决定进行经济性裁员，并召开了职工大会，且审议通过了裁减人员的方案，并报告了劳动行政部门，故已经履行相关的经济性裁员的程序，该公司的经济性裁员符合法律规定。

——（2015）沪一中民三（民）终字第 1496 号“俞雄诉鲍姆氟塑料（上海）有限公司劳动合同纠纷”

（3）公司提供了审计报告及经税务部门盖章确认的纳税申报表，反映其近四年的经营利润均为负数，故对公司称其生产经营发生严重困难的主张予以采信。根据《劳动合同法》第四十一条规定，公司应提前三十日向工会或者全体职工说明情况，听取工会或者职工的意见后，向劳动行政部门报告裁减人员方案。公司已提前三十日向工会报告裁员计划，并向员工说明了情况，也向劳动行政部门提交了列明裁员名单的《裁员报告》，公司与员工解除劳动合同并未违反法律规定。

——（2017）粤 01 民终 1985 号“孔梅与广州川电钢板制品有限公司劳动争议”

（4）公司因企业订单流失严重，部分岗位无法再做调整兼并，于是决定进行裁员。公司于 2013 年 5 月 31 日通知员工其裁员决定，并提前一个多月告知了该公司的工会委员会，并于 2013 年 4 月向深圳市龙岗区人力资源局报告了相关裁员方案。

公司的工会委员会和深圳市龙岗区人力资源局也未对被上诉人提出异议。而公司在向员工发出的裁员通知中也明确是因为订单需求疲弱，公司需调整经营方式，关闭部分项目和生产线。法院认为该公司的裁员行为符合《劳动合同法》第四十一条第一款的规定。

——（2013）深中法劳终字第 5683 号“马红斌与查氏电子实业（深圳）有限公司劳动合同”

（5）根据《劳动合同法》第四十一条第一款第二项的规定，企业生产经营发生严重困难的，需要裁减人员二十人以上或者裁减不足二十人但占企业职工总数百分之十以上的，用人单位提前三十日向工会或者全体职工说明情况，听取工会或者职工的意见后，裁减人员方案经向劳动行政部门报告，可以裁减人员。经济性裁员必须履行向劳动行政部门的报告程序。公司裁员未向劳动行政部门报告，不符合该项法律的规定。

——（2017）津 01 民终 1384 号“赵红静与天津万创欧泰信息技术有限公司劳动争议”

3. 经济性裁员的听取意见程序认定

公司因连年亏损，于 2009 年 7 月 10 日向工会就裁员人数、名单、经济补偿、时间安排等进行了说明，听取工会意见；向职工公布裁员方案并发放了征询表。员工方认为公司未由工会选举工会代表，而且在裁减 127 人的过程中，仅听取了工会委员会共 5 名委员的意见，裁员程序存在严重违法。法院最终认定公司裁员行为合法，并指出由于公司职工人数众多而且已经成立了工会，故向工会而不是向职工代表征求意见符合法律规定。

——（2010）沪二中民三（民）终字第1718号

4. 经济性裁员保护认定

员工鲁某与公司签订无固定期限劳动合同，岗位为干洗车间调度。2008年11月，公司因生产经营发生严重困难决定裁员，在听取工会意见并报当地劳动行政部门备案后开始实施裁员。公司决定留用11人，对包括员工鲁某在内的其他员工不再留用，在留用的11人中，与公司签订有固定期限劳动合同的有3人，3人均有相应岗位操作证书或高级证书，在公司技能评选中表现较为优异，另外8人均签订的是无固定期限劳动合同。鲁某对公司的留用标准不服提起诉讼，主张“优先留用”，法院最终没有支持鲁某的这一观点，并认为所谓“优先”应当是在同等条件下的“优先”。公司留用的8人签订的是无固定期限劳动合同，另外3名员工虽签订的是有固定期限的劳动合同，但专业技术水平高于鲁某，因此未留用鲁某的行为不构成违法。

——（2010）沪一中民三（民）终字第218号

（三）经济性裁员裁判的地方性特点

在经济性裁员的案例中，地方人民法院会援引《劳动合同法》第四十一条和《企业经济性裁减人员规定》。《劳动合同法》与《企业经济性裁减人员规定》在裁员条件、优先留用（或不得裁减）人员等方面给出了较为宽泛的规定（如认可地方性规定的“其他情形”存在），这给各地方法院在裁判上留出了自由裁量的空间，也集中体现了地方性裁判的特点。

在地方性规定中，原北京市劳动局发布了《北京市企业经济性裁减人员规定》，对企业经济性裁员条件的规定为：“其一，濒临破产，被人民法院宣告进入法定整顿期间；其二，连续三年经营性亏损，且亏损额逐年增加，资不抵债、80%的职工停工待工、连续6个月无力按最低生活费标准支付劳动者生活费用的。”对不得裁减人员的规定为：“患职业病或因工负伤丧失或部分丧失劳动能力的；患病或非因工负伤在规定的医疗期内的；女工在孕期、产期、哺乳期内的；男职工年满50周岁，女职工年满45周岁的；残疾职工；夫妻双方在同一企业的，只允许裁减一人；法律、法规、规章规定的其他不得裁减人员。”相比于《企业经济性裁减人员规定》,《北京市企业经济性裁减人员规定》对经济性裁员的条件进行了具体说明，对优先留用人员进行了补充。

2008年，江苏省人民政府发布的《江苏省实施〈中华人民共和国就业促进法〉办法》明确规定：“省劳动保障行政部门应当制定并组织实施裁减人员周期计算办法以及用人单位生产经营发生严重困难等情形的界定标准”，但是江苏省并未出台相关统一规定的具体标准，因此，在实际裁判过程中，需要劳动行政部门根据企业的个案作出具体判断。在裁员比例的限制上，江苏省在2006年做出“企业一次性裁员超过职工总数5%、1年内裁员超过职工总数10%的，要事前向当地政府报告”的要求，在2008年《劳动合同法》颁布后，则废止了此项要求。江苏省人力资源和社会保障厅在2012年发布的《关于印发企业裁减人员报告受理工作规范的通知》中，要求各地方人力资源和社会保障局引导企业通过采取减少工作时间、适当降低工资等积极的补救措施，尽量避免或减少裁员。由此看来，即使满足“生产经营发生严重困难”的法定理由，企业仍应当积极采取适当的措施，努力实现生产经营状况的好转，尽量避免裁员的发生。因此，企业在向劳动行政部门提交相关裁员报告时，必须有书面材料证明其实际采取了相应的补救措施，否则，企业的裁员方案可能会被要求纠正甚至被退回。

广东省在《劳动合同法》第四十一条规定的裁员条件基础上，更加注重企业在面临经营困难或重大改变的情况下是否尝试与劳动者协商变更劳动合同，只有在仍不能达成一致或仍需要裁减人员的情况下才进行人员裁减程序的认定，尽可能遏制企业经济性裁员的泛滥。

福建省则依据《劳动合同法》第四十一条制定了《福建省企业经济性裁减人员实施办法》，并就“困难企业”应满足的条件做出了十分详尽的规定，包括“申请日前一个季度产值或营业额（含出口销售额）同比下降30%以上”“今年以来没有裁员或净裁员人数不超过20人或净裁员人数占企业在职总人数的10%以下”“没有出现拖欠职工工资行为”“采取轮休轮岗或组织员工培训等形式稳定职工队伍”等诸多具体要求。

天津市制定的《天津市企业经济性裁减人员暂行规定》对“困难企业”也进行了规定，包括“生产经营实际亏损连续三年（财政决算年度）以上，亏损额逐年增加，且生产经营状况无明显好转”“连续两年开工率不足60%，有50%以上职工下岗待工”和“连续六个月以上在岗职工工资不能按照本市规定的最低工资标准支付”等。在优先留用（或不得裁减）人员规定方面，类似于北京市的规定。天津市还追加了“复转军人、现役军官（含志愿兵）随军家属安置到企业不足两年的”和“企业转产或被兼并过程中的人员”等内容。

在《劳动合同法》颁布前，多数地区都曾制定过经济性裁减人员的地方性暂行规定，目前，多数规定因不同于《劳动合同法》第四十一条和第四十二条要求而被废止，但由于各地区经济发展水平、就业人员状况等因素各有不同，有关符合经济性裁员条件的企业认定及留用人员的相关条款还是得以被保留，成为各地方裁判实践的重要依据。

三、经济性裁员的法制化处理

（一）经济性裁员的争议点

在涉及经济性裁员的案件中，经济性裁员的争议事项往往不是当事双方的主要争议点，而是作为如赔偿金、补偿金等其他诉讼事项的前置程序。在选取的案例中，有关经济性裁员事项的争议点分为三类：

一是在当事双方（劳动者与用人单位）认可劳动关系解除的情况下，对劳动关系解除情形是否属于经济性裁员产生争议。如在（2016）京0111民初12171号“朱彦忠与中国石油化工股份有限公司北京燕山分公司劳动争议”一案中，当事双方均认可劳动关系已经解除的事实，但原告朱彦忠认为解除情形是经济性裁员的解除情形，而被告方中国石油化工股份有限公司北京燕山分公司不予认可，故原告请求认定经济性裁员事实成立。经法院审理认为，根据双方提供的证据，可认定劳动关系的解除是劳资合意解除，驳回了劳方的诉讼请求。

二是当事双方就劳动关系解除是否合法产生争议。这涉及对经济性裁员成立与否的认定，是最为常见的争议类型，而在大多数案例中，是由劳动者对用人单位的经济性裁员主张提出抗辩，并要求法院认定经济性裁员不合法。如在（2014）珠香法民一初字第 1982 号“卓健新与珠海一讯牵通信科技有限公司劳动合同纠纷”一案中，劳动者首先提请仲裁，用人单位一方要求法院撤销仲裁院对“经济性裁员不合法”的裁决，法院经审理认为用人单位的经济性裁员未按规定流程进行，因此驳回了用人单位的诉讼请求。此类争议的解决，或是认定劳动关系解除合法（经济性裁员成立）而转向补偿金支付问题；或是认定劳动关系解除不合法（经济性裁员不成立）而认定劳动关系继续存续或在双方无意继续维持劳动关系的情况下转向赔偿金支付问题。

三是当事双方认可经济性裁员合法或法院认定经济性裁员合法（或不合法）后，与之相关的补偿金或赔偿金有无及计算方法的争议。此类争议往往是双方诉求中的核心部分，是案件的主要争议点。如（2017）京 0108 民初 271 号“陆蕴玉与新时代工程有限公司劳动争议”一案中，法院认定新时代工程有限公司的经济性裁员行为因不符合裁员条件而不合法，判令其向劳动者一方支付经济赔偿金。

将这三类争议点带入全部案例中进行验证，同样适用。

（二）经济性裁员相关案件的处理机制

通过归纳人提炼，研究团队总结了经济性裁员案件的办理流程：

（1）确认当事双方的争议所在。如果双方均对经济性裁员成立的事实不产生异议（劳动者方无赔偿金主张），那么案件争议的焦点将直接转到由经济性裁员引发的其他争议事项上；如果双方对经济性裁员存在异议，则进入裁员事实认定阶段。

（2）对经济性裁员合法性的认定。法院通过调查对用人单位的裁员行为是否符合《劳动合同法》第四十一条等规定进行认定，首先对是否符合经济性裁员条件进行审查，除考虑用人单位一方是否有“依企业破产法重整”“生产经营发生严重困难”“企业转产、重大技术革新或者经营方式调整”或者“其他客观经济情况发生重大变化”的裁员情形外，还会考虑劳动者一方是否为离退休人员、是否处于“三期”或是否属于企业应当予以保护的特殊人员等。在认定条件符合后，法院根据劳动行政部门的记录及双方提供的证据审查用人单位的裁员过程是否依照“用人单位提前三十日向工会或者全体职工说明情况”“听取工会或者职工的意见”和“向劳动行政部门报告裁减人员方案”的程序进行。在以上的审查均完成后，法院方可认定裁员行为是否合法，在法院作出合法或不合法的认定后，案件则转向后续争议问题的处理。

（3）后续争议问题的处理。在双方最初达成一致意见或意见不一致并由法院进行认定后，法院将就“经济性裁员”引发的利益争议进行审理并作出判决。若经济性裁员合法，则可认定双方劳动关系已依法解除，根据双方的诉求处理劳动关系解除时间、补偿金支付等问题；若经济性裁员不合法，则可认定双方劳动关系未解除，根据双方诉求及对劳动关系存续的意思表示处理恢复劳动关系或支付赔偿金等问题；另外还存在一种情况，即认定用人单位的“经济性裁员”主张不成立，但双方劳动关系确实因符合其他劳动关系解除的情形而已经解除（如劳资合意解除劳动关系或单方解除劳动关系）。此种情况下，案件转向处理劳动关系解除情形的补偿金或赔偿金的支付问题。

四、法制化处理的问题

研究团队分析发现，在经济性裁员案件法制化处理的过程中也存在诸多问题，这些问题一方面由制度设计与企业实践不契合造成，另一方面由法制化的机制造成。

（一）经济性裁员的限制

1. 裁员条件的限制

在实践中，裁员的主要原因是企业的经营出现了现实的困难，背负的人工成本使得企业在市场经济的竞争中举步维艰。而对经济性裁员条件之一的“生产经营发生严重困难”，根据原劳动部《关于〈劳动法〉若干条文的说明》，需要“根据地方政府规定的困难企业标准来界定”。而各地方政府对困难企业的标准并不统一，但一般都比较严格：

如北京市在《北京市企业经济性裁减人员规定》中就将“生产经营发生严重困难”定义为“连续三年经营性亏损且亏损额逐年增加，资不抵债、80% 的职工停工待工、连续 6 个月无力按最低生活费标准支付劳动者生活费用的”。

上海市在《关于印发〈本市企业实施经济性裁减人员办法〉的通知》中明确需要企业生产经营出现亏损，且已经采取了停止招工、清退外聘人员、停止加班加点、降低工资等措施，经实施半年后仍然亏损且经营状况无明显好转的。

天津市在《天津市企业经济性裁减人员暂行规定》中将“生产经营状况发生严重困难”定义为“生产经营实际亏损连续三年（财政决算年度）以上，亏损额逐年增加，且生产经营状况无明显好转；连续两年开工率不足 60%，有 50% 以上职工下岗待工；连续 6 个月以上在岗职工工资不能按照本市规定的最低工资标准支付”。

各地方对“困难企业”的规定，基本只允许处于长期亏损且经过非裁员的措施后仍旧扭亏无望的企业进行经济性裁员。而有些企业是由于订单减少的原因导致总体员工人数多于实际所需员工人数，比如一线操作员工的流动率高，因此保持了合理的人数，管理岗员工却由于流动率低而处于一个不合理的水准。保障企业各部门的员工在合理的人数范围内，使得企业扭亏为盈或保持盈利是企业裁员的最大动因。对于尚未亏损或刚开始亏损的企业来讲，经济性裁员的规定条件决定了他们无法通过经济性裁员的法定程序来扭转企业亏损的局面。

2. 裁员程序要求限制

企业要经济性裁员，需要提前 30 日向工会或全体职工说明，听取工会或全体职工的意见后，才能将裁员方案提交劳动部门登记备案，而劳动部门在审查过程中还会对企业提出一些指导性的意见，要求企业按意见整改，并在劳动部门正式备案后，才可在内部正式公布并实施经济性裁员的方案。按照此程序，从企业向工会或员工说明初步方案到最终被劳动部门许可备案，至少需要 2 个月的时间，周期很长。而在此期间，所有员工都知道了企业要裁员的信息，对裁员的名单、经济补偿金的标准均会有各自的想法，个别员工甚至还会有许多非理性的诉求，易导致各种不良情绪的酝酿、发酵甚至爆发，导致集体性的劳动纠纷，轻则裁员难以推进，重则发生罢工事件，造成企业无法生产，对本已生产经营困难的企业更是雪上加霜。

各地的地方政府对企业进行经济性裁员的看法也不一致，有些地方政府为了避免因准许企业进行经济性裁员而招致员工的集体批评而对企业的备案不予接收。况且确实有部分企业在希望裁减人员时，其经营状况还未到达地方政府所规定的“严重困难”的程度，而只是希望通过裁减部分员工以达到改善经营业绩的目标，并能得到政府部门的认可。

企业在内部公布经济性裁员的信息，与工会或全体职工进行商议，最终却不能得到劳动部门的备案许可，将向员工传达的是一个企业的裁员行为得不到政府的支持的信息，会让员工认为企业裁减人员的行为根本不具备合法性。在此局面下，企业今后即使想调整其他方案来裁减人员，也会招致员工的集体抵制，非但不能完成改善企业经营状况的目的，还会导致集体纠纷等情况的发生。

（二）法制化处理机制的疏漏

1. 社会保险费的诉求问题

用人单位的裁员行为的发生到劳动者诉至法院往往存在一定的时间间隔，因考虑到社保断缴的不利后果，劳动者通常在诉讼中提出补缴、接续社会保险费的诉求，但社会保险费的问题是由人社局等劳动行政部门负责的，法院不受理相关事项，通常是驳回处理。如果从劳动者的角度考虑，向法院寻求强制力的保障，将社会保险费纳入劳动争议诉求的行为是可以理解的，因此这需要行政部门与司法部门进行沟通，协调解决。

2. 关于经济性裁员的条件

根据《劳动合同法》第四十一条的规定，可以进行经济性裁员的第三种情形为“企业转产、重大技术革新或者经营方式调整，经变更劳动合同后，仍需裁减人员的”，换言之，“企业转产、重大技术革新或者经营方式调整”不能作为企业进行经济性裁员的直接原因，而必须附加“变更劳动合同”后生产状况仍受较大影响而需裁减人员这一项，如果用人单位主张其经济性裁员是依据此条，那么必须给出相应的在变更劳动合同后，生产状况仍受较大影响的证据，如（2015）东二法虎民一初字第 673 号“东莞乐迪卡游戏机制造厂有限公司与吴永光劳动争议”一案中，用人单位一方未能出具相关证据，因此法院认定其经济性裁员不符合条件，判令用人单位支付劳动者赔偿金。同样，在企业依据“生产经营发生严重困难”的条款进行人员裁减时，也需要满足当地劳动与社会保障局、地方税务局、地方财政局、国资委等部门对“困难企业”的认定标准，仅依据利润下滑或亏损等经营状况信息则无法保证裁员的合法性。

3. 关于劳动关系解除的原因

劳动关系解除的原因依据具体的解除情形以及全部证据进行确定，而非仅根据文字标注予以认定。比如，在案例中出现了标注“经济性裁员”而实际属于其他劳动关系解除情形的情况。在（2015）东一法道民一初字第 835 号“张尚明与东莞精业拉链有限公司劳动合同纠纷”一案中，劳动者一方提供的《辞职通知申请书》《辞职协议书》中虽标注离职原因为“经济性裁员”，但法院审理认为双方所提供的材料是双方协商一致、解除劳动关系的证明，故驳回劳方认定劳动关系解除不合法的诉讼请求。在现实情况中，不排除有用人单位为恶意逃避经济补偿金和赔偿金，以“经济性裁员”为由，劝说劳动者签下辞职书并承诺相应补偿。劳动者缺乏相关法律知识，并在用人单位施压后选择签字，这会产生对劳动者不利的认定结果，并在劳动者抗辩证据不足时，进一步侵害劳动者的利益。这一问题的解决需要依靠相关法律、法规知识的培训和劳动监察、司法裁判制度的健全。

第三节　经济性裁员面临的实际问题

一、群体性劳资纠纷解决方案的形成

在处理群体性劳资纠纷的工作中，天津经开区（以下简称经开区）从制度建设到实践经验已经形成了较为成熟的模式。2013 年到 2017 年，经开区每年因企业关、停、并、转，经营不善导致破产以及企业转型升级造成的群体性劳资纠纷有数十起，与 2010 年到 2014 年涉及的以涨工资为主的职工诉求相比也发生了变化。由于总体经济发展放缓，企业工资增长的空间受到了极大的影响。数字化互联网技术、人工智能的科技发展因素促使部分企业无法继续依赖传统的生产方式，亟待转型升级、提高生产效率。各种灵活用工方式的出现促使企业继续降低人工成本、减员增效。国际市场经济竞争愈加激烈，越来越多的企业投资东南亚诸国。各种因素导致企业转型发展，在优胜劣汰的过程中，凸显的劳资矛盾爆发，进而形成群体性劳资纠纷。

从群体性劳资纠纷中的职工诉求来看，大部分诉求是集中追讨欠薪和索要解雇补偿金。在涉及这类诉求的案件中，引发劳资冲突的直接原因都是经济性裁员或者减员。尽管经开区对经济性裁员有较为严格的规定，但是，经开区经济发展已经进

入工业发展的转型期。传统制造业亟须向先进制造业转型，一部分落伍企业、“空壳企业”、“僵尸企业”也需要尽快被淘汰，企业的战略规划在经开区呈现明显的发展趋势。因此，经开区在劳动关系治理工作中务必要将工作重点定位在群体性劳资纠纷的预防与解决上。换言之，经济性裁员的应对策略在制度层面上给企业“松绑”，但在区域和企业内部形成预防、预警机制更为重要。

经开区在劳动争议风险的预防、预警工作中积累了较为丰富的经验，可以总结为三个层面的工作体系。其一，经开区人社部门针对预防群体性劳资纠纷出台了一系列相关制度，例如《天津开发区[①]处理群体性劳资纠纷工作指引》，不仅从事前、事中、事后三个阶段对处理群体性劳资纠纷的工作准则、处理流程和工作策略作出了规定，而且还制定了《天津开发区用人单位劳动关系隐患分析评估表》，便于企业通过该表进行自我排查，也方便政府对企业的争议处理工作进行评估。其二，经开区注重前端预防机制的建设和区域级劳资和谐氛围的营造。例如，“互比互看”活动的不断推进就是促进氛围建设的重要机制，树立争议预防与劳动关系管理的典型企业，组织其他相近类型的企业到该企业观摩、讨论。比如，区人社部门经常发布一系列有关集体争议的信息，并分享典型案例，对在经开区企业从事人力资源管理或人事管理工作的代表进行培训，增强

① 天津经济技术开发区（TEDA）在2019年之前简称“天津开发区”，后由于该区与中心商务区合并，简称为“天津经开区”。开发区时代出台的文件还保留原文件名。

了企业应对劳动争议的能力。其三，经开区人社局还联合经开区工会和企业在部分专家的协同下，共同探讨治理群体性劳资纠纷的办法与策略，为实践经验提供了理论依据和智慧贡献。

2013 年到 2017 年，经开区社局、工会和企业三方在处理群体性劳资纠纷中积累了重要而丰富的经验。本章选取两个较为典型的案例进行比较分析，进而呈现预防与解决经济性裁员所引发的群体性劳资纠纷的成功经验。

二、FK 案例的启示

（一）案例背景介绍

天津 FK 电子有限公司于 1995 年 12 月成立，隶属日本 FK 集团，现属外商独资企业，主要生产 CD 或 DVD 机芯、一体机、扬声器和安全气囊等汽车零部件。公司共有员工 850 余人，工会会员人数达到 780 人。公司工会于 1997 年 11 月成立，最早于 2006 年开始推动与企业管理方之间的工资集体协商，是经开区开展集体协商工作的首批企业，每年劳资双方关于工资和福利的协商已经使企业内部形成了劳资协商的氛围和传统。因此，在企业关厂清算并提出以劳资协商的方式解决经济赔偿的问题时，员工在很大程度上是接受的。

虽然 FK 电子公司在 2015 年至 2016 年的生产经营情况良好，并处于盈利状态，劳动关系也较为稳定。但是 FK 集团基于整体战略调整的考虑，仍然决定将天津的 FK 电子公司进行关厂清算，转而在无锡建设新的工厂。

（二）事件进展情况

FK 电子公司关厂清算、赔偿安置工人的过程可划分为以下几个阶段：

阶段一：关厂计划酝酿阶段

在正式推动关厂清算计划之前，企业高层两次约见经开区管委会领导，汇报企业状况和战略调整计划。管委会提出 FK 集团若坚持解散电子工厂，必须依法做好职工的安置工作，以维护安全与稳定。

FK 电子公司最初的关厂清算计划只由 10 名主要管理人员进行商讨，全体员工对公司的关厂清算计划毫不知情。2016 年 5 月 10 日，董事长召集全体管理人员开会说明了公司关厂清算的计划，当场承诺集团会对公司的管理人员进行妥善安置，并会着重考虑全体员工的赔偿问题。同时，董事长和与会人员签订了保密协议，要求有关公司关厂清算的计划不能泄露给其他员工，但是在会议结束后，消息仍然不胫而走。于是当天中午，就有 10 名员工集体要工会主席询问公司关厂清算的消息是否属实，请工会主席代表员工要求公司在两天之内作出正式的答复，并询问具体的赔偿方案。当天，工会主席与公司总经理沟通后，将相关情况报告给经开区总工会。经开区总工会在人社局开展了第一次与企业的沟通指导会。管委会领导在与公司高管沟通过程中，公司提交了其单方面制定的关厂清算计划的时间表。公司拟在 5 月 19 日（星期五）通知全体员工公司将进入临时性休业阶段，这一临时性休业的安排预计从 5 月 20 日一直持续到 5 月 26 日。在 5 月 20 日到 5 月 30 日期间，公司会和派遣工通过派遣公司解除关系。而关厂消息将会在 5 月 30 日向全体员工正式发布。公司的方案立即被人社局和经开区总工会拒绝，这种方式会加重劳资的矛盾。

阶段二：员工突发事件阶段

5 月 11 日中午，员工聚集在餐厅门口，拟与总经理当面进行对话，但当时总经理并不在场。在场的管理人员中，由职务最高的工厂厂长与员工进行沟通，请求员工耐心等待公司的答复，但并没有获得员工的认可。由于员工要坚持与总经理面谈，在场的其他管理人员在试图与员工进行沟通时都被拒绝。双方僵持近两个小时后，员工见到了总经理并由此开始了劳资双方第一次非正式沟通。这场由员工自愿参加的非正式沟通场面相对混乱，员工在无序的状态下向总经理提出了保险补缴、再就业困难等相对细碎的问题，但并没有比较统一的意见表达。在沟通过程中，总经理口头告知了员工公司确有关厂清算的计划，对员工当场提出的问题做了初步的回答，并承诺于 12 日向全体员工就此事作出正式的发布。

阶段三：员工安置计划公示阶段

5 月 12 日，公司召开了全体员工会议，正式公布公司关厂清算的决定，并作出以下承诺：第一，公司会依法给予员工经济补偿；第二，公司保证给予员工的经济补偿高于法律标准，并且不低于本年度离职员工的相关补偿标准；第三，公司将会认真考虑员工的诉求；第四，公司会为员工积极联系有用工需求的公司。同时，公司提出希望与工会以协商的方式来确定员工的补偿标准，并计划分三次具体的集体协商来进行，此外，在协商期间，员工仍然要按照公司的生产安排维持良好的生产秩序。

阶段四：集体协商筹备阶段

5月12日，公司工会开始了为期3天的员工意见收集工作，在收集过程中随时汇总、随时公布，并拟在5月17日将全部员工意见汇总后进行完整的公布。

5月15日，在工会委员、小组长会议上，工会商定了工会委员与小组长的会议隔天进行一次，并召开两次员工代表大会。

5月16日，工会收集所有员工的意见后进行了全面的汇总，其中共同诉求共11项，主要涉及赔偿系数、基数、工龄、加班工资等多个方面，有关福利的诉求共5项，以及13项个别诉求和派遣工的相关诉求等。当天，公司工会向区总工会发出求助函。

5月17日，经开区总工会在答复文件中提出，企业工会在处理集体劳动争议时首先要旗帜鲜明地维护职工的合法权益，充分听取和收集职工的意见，及时与公司行政部门进行沟通，并建立集体协商机制，通过协商的方式解决集体争议。同时，在集体协商工作的具体开展上也提供了程序规则和实体规则的相关指导。当天，经开区人社局约谈公司行政，约定由企业和工会共同公布集体协商的推进计划，并在6月6日根据最终的协商结果安排下一步的工作，同时将6月30

日作为最终的协商解决日期（暂不公布）。同时，在5月17日的员工代表大会上，公司增补了2名协商代表，至此，公司员工代表人数为61名。

5月18日，公司向全体员工公布协商推进计划和今后的业务安排，今后业务安排主要包括设备、制品和材料等的库存盘点。当天，就FK关厂清算的事件举行了由人社局、信访办、法援、群工部、商会和公安系统的六方联动会议，在会上进行了相关问题的通报，并制定了相应的应急预案。

阶段五：正式集体协商阶段

第一轮集体协商：提出方案

5月19日，工会与公司进行了第一轮集体协商。在第一轮协商过程中，公司先对工会提交的员工诉求进行回答，但是并没有给出具体的赔偿方案，这引发了工会的不满并建议休会。休会之后，公司拿出了第一版的赔偿方案，其中关于经济补偿金的支付标准与本年度职工离职的经济补偿金标准持平，因为公司在之前确有承诺，不会低于以往的赔偿标准，因此，对于公司方提出的与以往持平的赔偿标准，员工甚为不满。当天，工会在集体协商结束后召开了员工代表大会，员工代表集体拒绝了公司第一版的赔偿方案。

第二轮集体协商：讨价还价

5月23日，在第二轮集体协商之前，工会与公司进行了意见的交换，公司方对在第一次集体协商中尚未作答的问题进行了解答和补充，但是并未透露第二轮集体协商的赔偿方案。同时，工会代表员工向公司提出了XN的赔偿方式，并提出经济补偿金的单项以 1.6N 的方式计算，但被公司当场否决。之后，经开区总工会和人社局对 XN 的赔偿方式作出肯定，多次跟公司商讨后，公司表示可以接受 XN 的赔偿方式，但是按照工会所提出的数值，在加入其他项后，经济补偿金实际上已超过 2N 的赔偿标准，公司无力承担，无法接受。

5 月 26 日，工会与公司进行了第二次集体协商。在第二次协商过程中，关于工龄的计算方式，企业最终同意了工会的意见。关于工资基数的问题，公司给了 3 个选项，员工可从 3 种计算工资基数的方式中选取 1 项作为经济补偿金的工资基数。在与公司达成一致后，员工对公司的信任感得到了很大提升。而关于 XN 的赔偿系数，公司主张将 1.55 作为经济补偿金的计算系数，而工会则主张是 1.9，双方未能在第二次集体协商中就此项达成一致。

第三轮集体协商：达成共识

6 月 6 日，工会与公司进行了第三轮集体协商。员工一方最初提出 1.85N 的赔偿标准，而公司提出 1.7N 的赔偿标准。在双方协商沟通下，员工一方接受了 1.7N 的赔偿标准，但提出一次性奖金要增长 1000 元作为交换条件。最终公司与工会达成了 1.7N 的赔偿标准，并外加一个月工资作为奖金，另外向员工支付过节费 300 元、旅游费 600 元、一次性奖励金 2500 元。工会就此赔偿方案召开员工代表大会时，到场的 48 名会员代表中有 45 名代表同意方案，3 名代表对方案提出反对，最终仍然达成协议。

6 月 7 日，总经理以公司的名义向全体员工发布通知，告知员工签订协商解除协议的截止日期为6月30日，即在6月30日之前，如果员工仍然没有签订协商解除劳动合同协议的，公司将按照相关法律规定解除与员工的劳动合同。

阶段六：签订协议阶段

劳资双方签署协商协议后，员工在协商解除劳动合同的协议上签字。6月8日，签署解除协议的有16人，到6月15日，累计签署者有258人。在6月30日截止日期之前，全部员工已签署协商解除劳动合同的协议。

在FK电子公司关厂清算事件中，未发生任何激烈的群体性劳资纠纷，从公司方正式发布关厂决定到工会收集员工的意见，再到后来的三轮集体协商，直到最终全员签署协议，在整个过程中，劳资双方秉承了合法、有序、对话的原则，圆满解决了问题。诚然，作为一次"分手式"的集体协商，最初由于企业在关厂和员工安置计划的公示问题上的迟疑和保守，导致员工无法揣测企业的真实意图，对自身未来充满了担忧。这也造成了员工聚集在餐厅门口要求与总经理面谈的状况，潜伏了劳资矛盾激化的可能性。但是，公司工会秉承在"三个一"工作法中积累的经验与其多年在员工心目中建立的信任与公信力，以充分倾听员工的意见、与企业有效沟通的方式，将有可能演化为无序的劳资纠纷及时转化为有序的劳资对话协商。在多方共同的努力下，关厂清算、员工安置等问题得以平稳解决。

（三）反思FK案的沟通策略

天津经开区的FK闭厂案对目前一部分企业面临关、停、并、转、迁所带来的劳动关系问题具有非常重要的启示作用。反思 FK 闭厂的全过程，结合 FK 工会在“三个一”工作中所积累的经验，该厂能够顺利完成闭厂之后的员工安置工作，其可借鉴的经验主要体现在三个方面：一是前期的沟通为后期的劳资协商解除合同做了充分的铺垫；二是在突发事件中的妥善处理避免了事件的转化与升级；三是在集体协商中的六大机制成为劳资双方最终达成合意的关键。

1. 前期沟通铺垫

员工产生诉求首先想到的表达渠道是工会，这主要取决于日常的“三个一”工作到位，使职工和工会之间实现了诉求表达与倾听诉求的常规化、习惯化，也意味着职工对工会的信任感已经建立。这种信任感表现在两个方面：其一是职工对工会主席的信任，这也体现了工会主席在解决企业内部有关职工权益的关键性问题时所发挥的重要作用。这种作用的累积效应使工会主席成了职工心目中的一面旗帜。其二，职工对工会组织的信任，职工认为工会组织解决职工权益问题所采取的一系列措施是有效的，只有依靠工会组织，才能最终实现职工的诉求。

从技术层面来看，前期沟通阶段需要注意以下三个方面：

其一，在了解职工诉求之后，应尽快进入与资方初步沟通的环节。工会除了要把员工方的压力传递给资方，还要促进资方与工会合作找到解决问题的办法，实现工会的全面参与。因此，需要工会与资方商定具体答复员工的工作流程，正式确定答复员工的时间，并在答复内容上要表达诚意（如解雇奖励金等具有附加值效应的承诺）。

其二，与资方在答复员工的问题上达成基本共识之后，工会应积极引导员工以较为理性的方式看待问题、处理问题。这种引导的方式，要依靠工会平时的团队建设，特别是在基层员工代表和工会小组长层面，这正是考验他们沟通能力的时刻。尽管 FK 闭厂案以妥善处理而结束，却也暴露了在沟通方面的缺点。但是，这个过程必不可少，工会的主要目标就是将准确的信息传达给职工，并及时消除谣言。同时，也可以在这个过程中提升工会小组长、员工代表和工会委员的影响力。

其三，密切与上级工会、政府联系，通报事件进展。在企业内部状况趋于稳定的情况下，工会应同步将企业劳资关系的进展与劳资双方采取的各种方式等信息及时汇报给上级工会与政府，一方面接受政府的指导，完善处置方案；另一方面由政府向劳资双方通报政府妥善处理该问题的基本原则和方向，避免劳资双方因不理性导致劳资纠纷升级或转化。

2. 集体协商中的六大机制

“三个一”工作在日常开展的作用是深远的。特别是在劳资双方分手型争议出现之前，预防纠纷的爆发。这主要因为“三个一”的累积效应，已经使双方都认可以沟通、协商的方式解决问题。并且员工已经习惯与资方以协商的方式达成目标。资方也意识到沟通、协调的方式对稳定劳动关系的重要作用。

（1）意见表达实名化机制

FK 工会在收集员工意见的过程中，始终坚持让员工以实名化的方式提交其个人所关注的问题。不同于日常员工在“三个一”机制中可以通过匿名表达的方式来进行。在劳资面临“分手”的情况时，让员工实名化提交诉求，更加有利于将员工的诉求与其工作特征（岗位、职级等）和个人特征（性格、经历等）进行匹配，掌握主要诉求和次要诉求在人群中的分布状况。

（2）意见收集分类化机制

工会将所有员工的意见都收集完毕后，应对其进行分类。在分类过程中要秉承两个原则：全覆盖原则和定时间原则。全覆盖是指要将绝大多数员工的诉求作为重点与资方进行协商，但对部分员工提出的诉求也不能忽略，而是要作为补充事项（福利类、个别类，所有员工的集中意见、派遣员工的意见等）。这时要体现前期沟通对不同类型职工、不同类型诉求进行全面把握的优势，既要体现职工诉求的全面性，也要注意职工意见的主次结构，更要明确员工诉求在协商中落地的可行性。企业可以自行制定标准分析处理诉求。

（3）方案实施重引导机制

通过工会和小组长、员工代表的二级网络，尽量让所有员工都明白工会制定协商方案的合理性和可行性。通过劳资双方底线的对比与劳方成本与收益的对比引导职工理解工会所提出的方案是根据总体情况作出的最优选择。并通过委员和小组长及员工代表层层传导工会的想法和理由。一旦遇到员工难以理解的问题，则由工会主席作出具有说服力的解释。

（4）工会协商全委托机制

通过民主选举部分协商代表的机制，使协商代表具有能获得大家信任的合法性。待确定协商团队后，由工会组织员工代表，甚至所有员工（特别是那些容易有反对意见的员工）在确认协商团队的委托书上签字，并约定在签字之后不能反悔。值得注意的是，在选举协商代表的时候不能随意推举，而是要由工会提名一些有经验的、有资历的，以及能够理性处理问题的职工作为协商代表。

（5）劳资博弈的进退机制

获得全权代表的资格之后，协商团队要做到分工明确，协商代表要保持冷静和清醒，发现协商进入僵局时，可以安排暂时休会，商议对策。既要对资方形成一定的压力，不能随意妥协（否则容易引发工人的不满），也要对资方不合理的意见予以指明，做到有理有节。同时，工会要明确职工的底线在哪里，要在行政方提出超越底线的条件时，预判这种超越的程度是否也能让员工欣然接受，以便争取员工的迅速认同。

（6）意见反馈职代会机制（两次反馈）

在每一轮协商之后，工会应该及时将结果通过职代会表决的方式通报所有职工代表，让大家能够了解且理解协商的进展情况和工会下一步的举措。FK 闭厂的案例证明，这个过程需要有两次反馈机制，即第一次是在职代会上通报信息，使职工代表了解具体情况，第二次则主要听取职工代表的意见，并对工会的意见进行表决，在表决的过程中需要注意方式、方法，坚持少数服从多数的原则。适当情况下，工会可以采取“不同意”举手法，避免多方意见拖延整个劳资协商的过程，同时避免其陷入劳资双方的拉锯战中。

3. 突发事件的预防

在 FK 案中，出现了较为常见的突发事件，例如，个别员工采取非理性的手段，希望实现较为不合理的利益诉求。在处理突发事件时，工会要注意以下三个重要的方法：其一，迅速介入。工会要在第一时间表达立场，向员工承诺让资方尽快公示具体的方案，并启动以集体协商的方式来维护员工的合法权益。尽快获得代表职工与资方对话的权利，避免劳方在有情绪的状态下与资方直接对话，减少激化矛盾的可能性。其二，把握风向。对一些已经出现的问题，工会首先要做的是表示对这种情况的理解，并及时和员工分析工会方案的合理性、可行性，以及不理性的行为最终会造成的后果，避免负面情绪的蔓延。其三，提前准备。工会必须在协商之前制定预案，预防在协商过程中可能会出现的突发事件。还需要督促员工代表提前安抚职工的情绪，并确保在协商时，工会主席和员工代表可以第一时间稳定职工的情绪。

FK 案例对预防集体劳动争议的爆发、转化、升级具有积极的借鉴意义。如何预防企业关、停、并、转、迁引发的“分手”型争议，归根结底需要得人心、有智慧、有力量的工会做好沟通、协商的工作，促使企业在实施员工安置方案时，让劳资双方能够平稳地解决利益分歧。

三、WCL 案例的启示

WCL 公司于 2013 年 4 月 27 日并购摩托罗拉公司，是外商独资企业，现有职工 1912 人，其中 70% 的职工签订了无固定期限劳动合同（绝大多数为摩托罗拉公司的老职工）。WCL公司于2017年4月底已停止手机业务，7月30日宣布停产，面临着大规模裁员的问题，但关于裁员的具体方案还未明确。职工放假期间的工资、保险、公积金等还在正常进行支付、缴纳。

WCL公司部分员工分别于7月29日、8月1日到经开区总工会要求公司高层给予明确答复，经开区及时启动应急预案，区人社、工会、商会、公安、信访、法援等部门强化联动，及时做好处置工作，使劳资冲突可以得到稳妥化解。

8月2日，根据管委会维稳专题会的部署，“区三方”（人社局、总工会、商会）及时约见了WCL公司高层人员，详细了解有关情况。据公司称：WCL公司的天津厂有18条生产线，但由于订单不断减少，现仅剩5条，大部分员工已被安排放假。近期，因珠海工厂有生产乐视手机的需要，公司准备再将其中2条生产线转移至珠海。7月29日，100余名职工见公司搬迁设备，认为是“转移资产”，担心自身权益得不到保障，于是组织了“护厂队”阻止转移设备，要求公司高层给予答复，并到区总工会群访。7月30日，WCL公司宣布停产，并于8月8日正式向管委会通报关厂裁员的安排，8月9日开始与员工沟通、协商，在9月底前与1700余名职工解除劳动合同。

“区三方”根据WCL公司劳动关系的现状，对WCL公司进行法律政策的指导，并从实际操作提出了建议，分享了成功案例经验。经过区人社、工会等部门多次与公司行政方和员工代表的分别沟通，最终找到了双方的妥协点。政府组织滨海新区部分企业现场招聘，为 WCL 公司部分员工解决了再就业问题。同时，WCL 公司表示会充分考虑“区三方”的指导意见，积极与政府保持沟通，依法稳妥推进职工安置补偿工作。

WCL 案例暴露了非常多的问题：一是公司大规模裁员的法律依据不明确。公司与职工解除劳动关系的法律依据不明确，若劳资双方不能协商一致，公司单方面裁员的法律依据也不足，会对稳妥解决职工安置的问题造成障碍。

二是 WCL 公司对职工的安置补偿问题所面临的困难研判不足。WCL 公司的职员工有 1900 余人，准备裁员 1700 余人，劳动关系复杂，劳资双方很难达成一致，引发群体性劳资事件的风险较高。

三是公司在解决职工安置补偿的问题上准备不足。公司初步计划于 8 月 8 日通报管委会，8 月 9 日开始与全体员工沟通、协商，9 月底前与 1700 余名员工解除劳动合同，时间过于仓促，从安置补偿方案制定、职工诉求收集、沟通机制建立、应急突发防范等各细节的分析均显准备不足，极易激化矛盾。

WCL 案件的启示：一是在企业进行大规模经济性裁员的过程中，有效快速的信息传导机制、精准的监察机制与全面分类的安置机制需要成为区域劳资冲突治理体系化运作的重要构成部分。WCL 公司生产经营的问题，政府是可以通过与企业日常互动的渠道获得信息，政府获得这类信息后就应该展开与企业的深度沟通，并协同工会对员工的动态进行了解，尽快掌握相关企业的裁员计划，并提出建议。二是劳动监察部门与工会应密切关注企业的动态变化，预防有可能引发大规模冲突的争议点，督促劳资双方尽快找到沟通的渠道和办法。此外，对员工的诉求也应该及时了解，根据其年龄、工龄、性别、家庭状况等信息，有步骤、分类化满足其合理、合法的诉求。

根据地方政府针对 WCL 案件的处理措施，笔者总结经验如下：

一是鉴于天津经开区企业所面临的压力，建议政府对企业经济性裁员的规则尺度与标准能有所放松，一方面降低企业的用工成本，另一方面则要在放宽规则的同时，加强企业在减员、裁员决策和行动中与政府的沟通和互动。

二是把应对群体性劳资纠纷的工作重点放在预防环节，加强预防环节工作机制的建立、试验和经验总结。

1. 采用多渠道信息分析机制。建立大数据平台，将本区供水、供电、房租、厂租、工资发放、保险缴纳等情况形成在线数据，逐步打造大数据信息平台，可以根据以上数据的变化状况对区域内企业的生产、经营、劳动关系状况进行初步判断。

2. 采取三级评估制度。通过数据预判，督促有可能引发群体性纠纷的企业进行自主评估，并上报人社局备案；引入第三方社会力量对企业的状况进行评估，适度增加调解服务；政府在参考前两类评估结果后，对企业进行最后一轮评估，最后生成应对预案。

3. 针对重点问题，联合工会和第三方社会力量介入企业解决。例如，沟通机制的建设和超时加班的问题处理，综合工时制的应用等。

4. 裁员后续的可雇佣力的提升与再就业的解决应该形成常态的机制。在确认企业要进行大规模裁员之初，就需要召集其他有需求的企业进行招聘，由政府和工会提供相关职位的培训补贴，让被招聘者尽快适应新的工作。

第二章

中国特色多元化集体协商的创新经验

第一节　广州花都区多元化集体协商的经验

在我国，集体协商是解决群体性劳资纠纷的重要机制，可以有效预防和缓解群体性劳资纠纷。相关集体协商的研究证明，在不同类型的企业中，集体协商的运行方式也有所不同，本节以广州市花都区为例，从其汽配行业的集体协商机制中梳理出不同的机制和模式，为实践者提供可参考的依据。

广州市花都区作为和谐劳动关系的综合试验区，在劳动关系改革方面的工作中充分体现了“综合试验”的内涵。基于广州花都区当前多样化的产业结构，该区将改革的重点放在皮革、汽配与空港这三个行业。其中，汽配制造业的改革创新定位在通过企业集体协商机制的构建与完善，推进汽配制造业企业建立自主调解机制。

一、花都区汽配制造业概况

花都区内有 200 家配套企业，70% 的企业是具有外资背景或外商独资的，形成了规模较大、产业结构相对完整和产业成长速度较快的产业集群。花都区是广东省乃至全国重要的汽车整车和配件生产基地，汽车制造业在花都区的经济比重中占有率高，投资总额有 223 亿元，世界 500 强企业参与投资的项目达到 15 个，每年整车销量突破 100 万辆。目前，在花都区的 200 家汽车零配件企业中，有 68 家企业组建了工会，并且自 2011 年陆续启动了企业工资集体协商机制。对已经实施集体协商的大部分企业，有序的工资增长成为稳定企业劳资关系的必要条件。

花都区“十三五”时期的发展目标和思路明确了要做大做强汽车及新能源产业。把握新能源汽车产业提速发展的趋势，加快规划建设汽车及新能源产业基地，面向全球引进新能源汽车项目，集中发展汽车和新能源汽车、新能源核心部件、新材料等先进制造业，以新能源、新材料支撑汽车、大功率机车、工程车等产业发展，打造经济发展新的增长点。大力发展汽车金融、汽车检验检测、汽车贸易、汽车博览、车联网等汽车服务业，延伸汽车产业链条，抢占价值链高端。

随着花都区汽配行业成为和谐劳动关系改革试验的重点行业，如何定位该行业的改革目标则是非常重要的议题。根据花都区针对该项工作拟订的计划，构建汽配制造业中的企业劳动关系自主调节机制成为初步目标。但是，这个目标的内涵是实现和完善和谐劳动关系的方法和手段。从劳动关系的运行结果或劳动关系的发展形态来看，笔者希望推动花都区的汽配制造业企业形成合作型劳动关系。

二、构建合作型劳动关系

对花都区的汽配制造业来说，东风日产无疑是规模最为庞大、承担表率作用的企业。其企业的劳动关系是否和谐直接牵动着本区其他供应商企业和相关企业劳动关系的稳定与否。从汽配制造业典型的集体争议来看，东风日产具有代表性和示范性，然而，这并不意味着东风日产的经验就可以为整个行业所复制。因此，东风日产尽管可以成为大部分汽配制造业企业效仿的旗帜，或者说是劳动关系自主机制的引领者，但其通过集体协商形成的劳资关系形态无法成为参考的唯一标准。

合作型劳动关系是既可以建立合作型劳动关系与自主调节机制的关系，也可以使集体协商制度的推行更加适应不同类型企业的劳动关系状况。其一，合作型劳动关系并不意味着没有争议发生即为合作。劳资之间的冲突性是劳动关系的基本规律，永远无法避免。因此，建立合作型劳动关系就要承认劳动关系的冲突性是不可预防、不可避免的。因此，劳资双方通过博弈或沟通的手段能够预防的是冲突的演变和升级。所以，合作型劳动关系的实质是一种动态的，从冲突中不断找到方法实现合作的过程。其二，对合作型劳动关系中“合作”的理解也需要具体来看。鉴于花都区汽配制造业的员工类型不同，不可能指望最终通过集体协商机制实现一种理想状态下的合作，即劳资双方基于相互认同的合作。在实践中，合作是多元化的，员工与行政方能够共同合力完成劳动过程即是合作的一种最基本的体现。其三，合作型劳动关系在实现的方法和手段上也必然经历不断进步的过程。换言之，集体协商也要随着劳动关系的不断改善，而实现自身的不断完善。

三、集体协商机制的意义

集体协商的重要意义可以体现在以下三个方面：

第一，根据广东省汽配行业调整企业劳动关系（特别是对劳动争议的预防与解决）的经验，工资集体协商有利于实现劳资之间的利益平衡，且可以进一步实现职工权益保障和企业提升效率的双重目标。

第二，根据花都区汽配制造业总体的行业结构和现状，企业的工资集体协商制度有利于在劳资之间搭建沟通的桥梁与纽带，引导劳资双方通过有序的沟通平台表达诉求、交换意见，并可以通过先进经验企业的带动，形成行业性正能量的传播效应。

第三，集体协商的结果是全体员工的工资、福利待遇的提高，这可以稳定企业内部的劳动力，减少流动性。另外，工资集体协商还可以带动其他企业内部的沟通方式与其整合为一体化的沟通体系，进而形成企业内部的制度互补效应。

工资集体协商机制的广泛建立与推广是实现汽配制造业企业内部建立自主调解机制的重要切入点。花都区的部分汽配制造业企业已经在这方面具备了较为丰富的经验。本研究将针对四个具有代表性的案例，从其工资集体协商建立发展的过程、机制特征方面进行梳理与比较分析，提出花都区推广工资集体协商的经验、方向与实现路径。

四、政府主导下的劳资自治

（一）典型企业工资集体协商机制的发展过程

通过对花都区汽配行业的深入调查，发现在汽配行业中，诸多企业都已经建立了工资集体协商机制，在这些企业中，工资集体协商并非停留在劳资双方仅签订一份集体合同的水平上。工资集体协商已经嵌入企业长期运行的劳资对话机制中。对不同的企业，其动力机制、运行条件和模式的固化各具特色，形成了多样化的发展路径。本节主要选取了四家代表性企业作为分析的对象，包括广州爱机汽配有限公司（以下简称爱机汽车）、日立汽车系统部件（广州）有限公司（以下简称日立汽车）、东风日产乘用车公司（以下简称东风日产）、广州马勒滤清系统有限公司（以下简称广州马勒）。

1. 建立工资集体协商机制的动力

爱机汽车有员工 1009 人（含新录用员工），2005 年 7 月在花山镇工会的指导下，通过民主推荐和选举成立了企业工会组织，入会会员有 915 人，其中青年员工占 99%。爱机汽车的劳动关系状况一直较为稳定。然而，2009 年，由于企业未能考虑员工生活成本不断增加等问题，员工对企业工资增长幅度过低表达了不满。在企业未能及时作出回应的情况下，工人以停工的方式表达诉求，爱机汽车管理层和工会希望劳资之间以集体协商的方式解决问题。

日立汽车现有员工 680 人。日立汽车能够建立集体协商机制主要依靠企业强烈的守法意识。遵守劳动法律是诸多日资企业，尤其是品牌企业一贯坚持的原则，为建立工会与集体协商机制打下了基础。企业工会建立后，企业工会主席身兼管理岗位，并从各部门发展了员工代表，这为企业工会了解劳资双方的诉求和底线提供了保障，工资集体协商机制得以建立。

东风日产公司有员工 18525 人，运用科学的“选、用、育、留”方式，构建了人力资源系统。工资的有序增长已经形成了年度机制，但是，这种机制的最终决策权还在于上级集团。因此，企业人力资源部门成了与集团进行第一轮博弈的主体，为本企业员工工资的增长提供了大量可信、可用、有效的意见和依据。由于公司背后有力的支持者是中方投资方，也就是东风集团的党委，党委领导下的工会则更加有底气参与协商。工会与人力资源部门的配合成了企业工资集体协商机制得以建设并顺利运行的基础。东风日产的集体协商机制在行业内发挥了引领作用。

广州马勒的员工有 183 人。其中操作工有 103 人，管理层有 80 人。广州马勒完全依靠其总部设置的员工工资增长的高标准，使集体协商机制更加具有程序化实施的特征。工会通过表达意见让企业对不同岗位的员工作出兼顾，因此，在保障工资总额增长的基础上，员工的工资增长在比例分配中体现出了集体协商的优势。

工资集体协商机制之所以能够在企业中建立并开始运行，需要来自各方合力的协调才能有好的效果。这种合力包括可能引发劳资冲突的劳动关系风险、企业方的工资增长空间和守法意识、人力资源部门和工会的协调能力。但是，这类合力的形成更多见于具有外资背景的企业中，是否适合其他类型企业有待观察。

2. 工资集体协商机制延续的条件

四家企业的工资集体协商机制延续了多年，如表2.1所示。

表 2.1　企业工资集体协商机制的延续性

企业名称	爱机汽车	日立汽车	东风日产	广州马勒
延续年份	2011 年至今	2013 年至今	2011 年至今	2013 年至今
工资增长幅度	2016 年达 13%	2016 年达 7%	2016 年达 7%	2016 年达 6.3%

四家企业延续的条件包括以下四个方面：

第一，企业在增长工资的同时提升了生产效率，工资增幅的空间可以维持。

第二，工会坚持每年向企业提出要约，开展集体协商工作。劳资之间已经认同集体协商机制在稳定企业内部劳动关系方面的作用。

第三，员工对工资增长的关注度不断提高，通过员工代表或工会将诉求及时反映给企业行政方。

第四，企业人力资源管理部门与工会之间能够形成良好的互动与配合，推进集体协商机制的顺利实施。

（二）工资集体协商的程序和功能

四家企业的工资集体协商程序分为四个阶段：筹备阶段、沟通阶段、协商阶段和合意阶段，如图 2.1 所示。

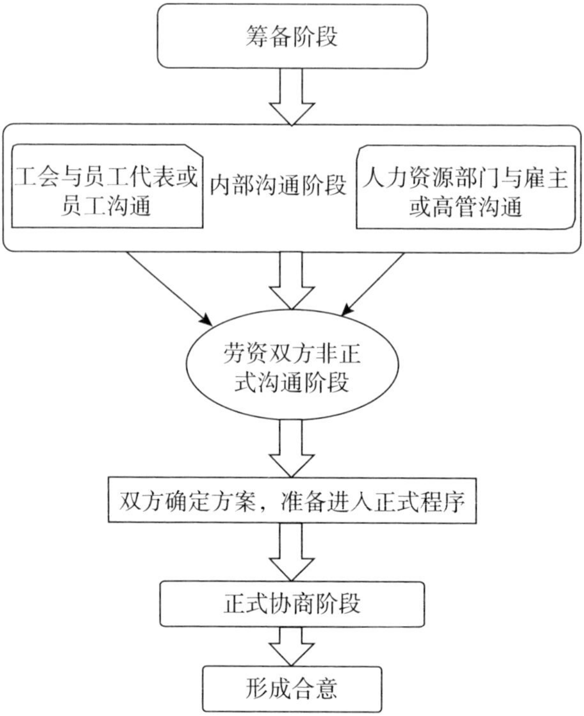

图 2.1　集体协商的四个基本阶段

集体协商机制在四家企业中成为启动多主体相互沟通的平台。依托工资集体协商机制，职代会、员工代表与员工直接沟通、工会与员工直接沟通来实现诉求的表达。企业高管与人力资源管理部门之间也会就具体协商的问题进行不断的讨论，人力资源管理部门发挥重要的协调作用，向企业高管详细解释集体协商所需要的信息，以便企业高管可以更加清晰地了解工资增长方案的合理性和与劳方商讨的空间。当然，工会与人力资源部门之间的沟通与对话也非常重要，是员工与企业之间的缓冲剂与调和剂。基于工资集体协商机制的建立与运行，企业内部实现了多主体之间的充分沟通，信息较为全面畅通的流动。这为劳资双方在工资、福利待遇等方面的协商打下了重要的基础。

工资集体协商的实施对劳动争议，特别是以工资增长、劳动条件改善为诉求的集体争议发挥了良好的预防作用。由于沟通信息的流畅，一些潜在的争议点也在集体协商的筹备期显现出来，为企业和工会提供缓冲的空间，以便排查、确认、解决这些争议点所引发的问题，进而通过集体协商或其他沟通手段将解决办法及时反馈给员工和公司行政方，确保争议解决在源头。

工资集体协商机制的实施加强了企业工会工作的动力。企业工会由过去的维权无门、维权无正当性的情况逐步转变为有效维权、有效代表、有效对话、有效互动的阶段。企业工会成为员工与企业之间交流的桥梁纽带，将员工的诉求全面地向企业方表达，也将企业在工资、福利待遇方面的提升空间和困难反馈给员工。企业工会在协调劳资关系的过程中也在不断形成与企业互动的成熟模式。

五、适应性、沟通型与谱系化

（一）四种集体协商机制的差异性

四家企业的集体协商机制可以归为四种不同的类型，即博弈型（爱机汽车）、参与型（日立汽车）、咨询型（东风日产）和表达型（广州马勒），如表 2.2 所示。对博弈型集体协商机制来说，其主要的推动力量是工会与行政方，双方对各自的诉求都做了较为充分的准备之后，启动集体协商和职代会，通过前期对员工意见较为全面地收集、总结，实现了从博弈走向合意的路径。其背后的动力机制是以集体协商实现员工工资有序增长，进而预防集体争议的发生。

参与型集体协商机制则相对温和。尽管工会的协调性功能在劳资集体协商的过程中占有非常重要的位置，发挥了较为重要的作用，但是工会更希望通过温和的对话方式与资方达成一致，并且，日立汽车企业采取部门代表听取员工意见的辅助机制，对员工的诉求进行较为准确的把握。

在咨询型集体协商机制中，工会扮演了咨询专家的角色，人事部门充当了改善劳动条件的角色，而非工会主动要约协商。工资增长的总额取决于人事部门代表企业与上级集团公司进行的沟通。通常这样的沟通在本质上是一个博弈的过程，因为总部分配各公司工资增长的总额是根据绩效、对集团的贡献等因素来评估的。所以，人事部门的汇报和争取更多工资增长份额的行为则发挥了非常重要的“总量控制”作用。工会则以咨询专家的角色，向企业人事部门提供来自绝大多数职工对工资增长的诉求信息。经双方商讨，工资增长的总额不变，而企业内部增长比例的分配会向基础工资较低的一线员工倾斜。因此，在正式的协商过程中，双方唯一需要商定的问题就是增长总额的分配问题。人事部门向总部争取更多的工资增长总量，维持企业内部工资增长的总量，而工会就通过收集职工意见以提升职工工资增长的百分比。

表达型集体协商的模式在很大程度上是通过行政方和工会的前期沟通，工会则只向资方表达意见。虽然在集体协商的程序上还要按照规则进行，但实际上作出最后决策的还是资方。对工会表达的意见，资方会酌情考虑，继而最终劳资双方达成一致。

表 2.2　企业集体协商类型的差异性分析

集体协商类型	博弈型	参与型	咨询型	表达型
主导力量	工会与行政方	工会与人事部门	人事部门	人事部门
参与主体	工会、工人代表、行政方	工会、工人代表、行政方	工会、工人代表、行政方	工会、行政方
协商目标	工资增长、福利待遇	工资增长、福利待遇	工资增长总额的分配	工资增长的分配
核心机制	集体协商、职代会	集体协商	HR 与集团沟通，集体协商	HR 与集团沟通，集体协商
辅助机制	员工代表收集意见	部门代表听取员工意见	员工代表沟通机制	公示制度

这四类集体协商机制的发展路径基本相似，根据企业具体的劳动关系发展情况，与当下的经济环境、企业经营状况，集

体协商呈现出适应性的发展路径，这样也更加容易在企业中形成长期有效的协商机制。

（二）四种集体协商机制的趋同性

从四家企业的集体协商机制发展情况来看，有两个重要的特点需要强调：

第一，四家企业无论协商的方式如何，其最终都会以达成劳资共识作为最终目标。即是爱机汽车企业采用博弈型的协商方式，最后仍是走向劳资合作，其他三家企业更是如此。因此，无论激发企业建立集体协商机制的动力是什么，企业都会向劳资合作的方向发展。

第二，在四类集体协商的过程中，虽然劳资双方在谈判桌上也会出现讨价还价的情况，但在正式进入谈判程序之前，员工代表与员工之间的沟通、工会委员会成员与员工代表的沟通、人事经理或人力资源经理和高管的沟通，甚至工会主席和人力资源经理或人事经理的沟通，都为正式进入协商程序发挥了重要的基础性作用和辅助性作用。因此，多层级的、多角度的沟通有利于劳资双方更容易在正式协商的过程中达成共识，找到妥协的空间，最终签订集体协议或集体合同。

（三）不同类型集体协商机制的约束条件

沟通虽然是各类集体协商形式的本源，但不同的协商形式之间也会呈现潜在的联系。例如，对爱机汽车来说，其集体协商机制的规范性与执行力和我国一些经典案例中的集体协商机制大同小异。东风日产虽然在程序上做得很规范，却更依赖于人力资源部门在最终结果的决定中所发挥的与雇主的调和作用。当然，日立汽车的集体协商机制应该说具有更好的延续性，可以凸显劳资双方在集体协商过程中的深度参与。而广州马勒工会发挥的作用较为有限，似乎还处于集体协商的萌芽阶段。但是，这四类模式基本构成了集体协商在博弈性、规范性和普遍性三个维度的排序，如表 2.3 所示。

表 2.3　四家企业的集体协商机制的不同维度排序

	爱机汽车	日立汽车	东风日产	广州马勒
博弈性	1	2	3	4
规范性	2	3	1	4
普遍性	4	1	3	2

从以上对四个案例的博弈性、规范性和普遍性的分析来看，爱机汽车在博弈性方面最为突出，东风日产的规范性最好，而实际上最具普遍意义的机制是日立汽车的参与型集体协商机制。当然，这些机制的形成也有赖于一些约束条件，也是制约某一类型集体协商机制的必要条件，如表 2.4 所示。

表 2.4　四家企业的集体协商机制形成的必要条件

	博弈型	参与型	咨询型	表达型
劳资冲突	√			
工人深度参与	√	√		
工会主席的能力	√	√	√	
HR 经理的能力		√	√	√
雇主空间	√	√	√	√
政府空间	√	√	√	√

六、从应对冲突到战略发展

工资集体协商机制在我国呈现多元化发展的特征。从全国范围来看，促进工资集体协商制度得以实施的模式主要包括四种类型：政府主导型、停工驱动型、市场驱动型和工会驱动型。

政府主导型主要是指传统的集体协商模式，指标化的管理方式导致这类传统的方式饱受争议，这主要是因为指标设计与企业劳动关系的实际并不相符，因而导致企业内部的劳资集体协商呈现出有合同无参与的问题。劳资双方都未能有真正有效的对话、沟通甚至博弈的过程，致使集体合同成为完成指标任务的体现。在长三角地区，企业为稳定工价、稳定劳动力市场、减少无序化的跳槽现象，与地方工会协同推进建立行业性的集体协商模式，这类模式体现了集体协商调节行业性劳动力市场的功能。

自2010年以来，停工事件不断增加，工人以集体行动的方式表达了他们对企业的不满，集体协商恰好成为解决劳资冲突的重要手段。越来越多的企业意识到集体劳动争议的预防与管理的重要性，集体协商机制也逐步成为企业劳动关系管理的核心制度之一。同时，企业工会在协调劳资关系中的作用也被激活。当然，工人的集体行动也同时给予了地方工会发挥其维权、协调劳资关系作用的工作空间，为预防与解决企业内部出现以停工形式为表现的劳资冲突，一些地方人社部门会同工会开始积极推进企业工会发挥促进和谐劳资关系建设的作用，一系列劳资沟通对话的机制也逐步在企业中建立起来。

（一）多元化集体协商机制的趋同性特征

多元化是花都区汽配行业集体协商机制的主要特征，但是汽配行业的集体协商机制在多元化发展之下也具备一些趋同性的特征。

在花都区汽配行业中，这四家企业集体协商机制建立的动力不同。爱机汽车是由于企业内部出现了集体劳动争议，并以集体协商作为解决争议的方式。日立汽车主要是为了解决企业内部员工流失率较高的问题，故而推动集体协商机制作为稳定内部劳动力的重要方式。在东风日产集体协商模式中，集团对工资增长总量的决策在很大程度上受企业人事部门的影响。而工会作为东风日产集团党委领导下的群团组织在具体的分配机制中发挥了关键性的作用。中方作为投资方一直在发挥党委支持工会以参与集体协商的方式，实现职工工资有序增长的作用。对于广州马勒来说，由于年度工资的增长幅度在同行业中处于中上等，所以，如何在不同层级的员工之间分配工资增长的比例则成为劳资之间要达成共识的核心问题。

四家企业的工资集体协商机制确立的原因不同，进一步决定了集体协商的形式呈现多样化的特征，如表 2.5 所示，其分为博弈式协商、参与式协商、咨询式协商与表达式协商，基本上符合企业内部劳资之间的权利关系，并可以维持较为稳定的状态。协商形式的差异性也决定了其集体协商程序的不同。对博弈式协商来说，由于双方在协商中要经历从讨价还价到达成一致的过程，所以，劳资双方都会提出各自对工资增长、福利待遇改善的意见，并在员工最终认可的基础上，签订集体合同。而对其他三家企业来说，基本上都是资方先根据预算提出一个工资增长的方案，再与工会协商、沟通或听取其建议，最后得到员工的认可，并进行全厂公示。

除了在动力、形式和程序上的趋同性，四家企业在集体协商机制的功能、本质与结果这三个方面也具备趋同性的特征。从功能的角度来说，自四家企业建立集体协商机制以来，其已成为劳资之间积极对话的平台，对预防集体劳动争议也发挥了重要的作用。虽然四家企业的集体协商机制形式各异，但本质上都是促成劳资之间达成共识、相互妥协的沟通平台。其重要的意义在于一方面增进了劳资双方对各自诉求、利益、底线和现状相关信息的了解；另一方面则可以避免因双方缺乏沟通和理解而导致劳资冲突的爆发。所以，集体协商机制本质上是劳资沟通的有效平台之一。从结果来看，集体合同或协议的签订以及员工福利待遇的有序提高都是四家企业实施集体协商所达成的直接结果。

表 2.5　四家企业的工资集体协商机制的多元性与趋同性比较

	爱机汽车	日立汽车	东风日产	广州马勒
动力多元化	集体劳动争议	守法意识、员工流失	国企制度	民主管理
形式多元化	博弈式协商	参与式协商	咨询式协商	表达式协商
程序多元化	各提方案 共同协商 员工认可	资提方案 共同协商 员工认可	资提方案 咨询工会 公示公开	资提方案 工会建议 公示公开
功能趋同	促进劳资对话 预防集体争议	促进劳资对话 预防集体争议	促进劳资对话 预防集体争议	促进民主参与 预防集体争议
本质趋同	劳资沟通平台	劳资沟通平台	劳资沟通平台	劳资沟通平台
结果趋同	集体合同 工资、福利 待遇提高	集体合同 工资、福利 待遇提高	集体合同 工资、福利 待遇提高	集体合同 工资、福利 待遇提高

（二）构建以集体协商为核心的劳资沟通机制

花都区汽配行业所实施的集体协商机制的本质就是劳资沟通机制。但是对企业来说，集体协商机制之所以能够顺利运行并不意味着集体协商机制是成为劳资之间沟通、对话的唯一选择。四家企业都不同程度地设立了其他的劳资沟通机制作为集体协商机制得以顺利运行的重要支撑。例如，日立汽车的集体协商机制主要围绕工资、福利待遇的问题，而住房、交通、安全、生产环境的问题则都要依靠其他类型的沟通机制被解决。东风日产更是设立了企业内网“论坛”，供员工使用，也同时收集员工比较集中的诉求，以总经理与员工代表座谈会、不定期部门领导访谈和领导与员工的午餐会等方式与员工进行沟通，了解员工在吃、住、行以及企业福利方面的诉求。此两家企业主要都依靠工会促进劳资沟通。而广州马勒则是行政方直接向员工了解问题，通过与工会沟通解决员工提出的问题。

集体协商机制是企业唯一依靠的劳资沟通机制，在解决工资增长、福利待遇改善等涉及员工集体利益的时候，集体协商机制可以发挥其明显的作用。但是，对一些需要企业立即做出反馈的相关问题，企业必须具备更加及时、高效的沟通机制才能真正快捷、简便地解决，满足员工诉求。即便无法满足，也可迅速做出回复，予以解释。这些沟通机制的功能体现在把有可能引发劳资矛盾的争议点遏制在源头。

针对花都区汽配行业现有集体协商机制的发展经验和基础，推进构建以集体协商机制为核心的劳资沟通机制，建立企业劳资沟通体系。从理念与方法上，全面沟通体系的建立要秉承劳资平等、分类沟通、协商核心、预防为主的基本原则。劳资平等是指企业工会代表劳方与企业行政方就双方关系的问题和诉求进行沟通，并由企业在可以落实的范围内按时执行。

分类沟通分为纵向分类沟通与横向分类沟通。横向分类沟通是指沟通的手段与员工的诉求相匹配。纵向分类沟通则是企业管理架构与诉求问题对应哪一级别的管理者，参与沟通的管理者必须对该问题具有决策权和执行权，否则沟通效果将会受到负面影响。

协商核心是指劳资之间把员工普遍关心的涉及工资、福利待遇等问题作为核心诉求进行沟通。并且对可能引发企业内部劳资冲突的重大隐患及时、高效地启动协商机制，由劳资双方共同商讨预防和解决措施。

从保障层面来看，区人力资源局需要和区工会协同推动全面沟通机制的建立。人力资源局负责在企业中扩大建立沟通体系的空间，工会则需要激发企业工会的能动性，促进企业能够尽快建立沟通体系。当然，沟通体系的建立要根据企业实际劳动关系的状况，指导企业通过可行的策略有步骤地建立。

（三）花都区经验的可推广性

依据花都区实施集体协商的经验，其所构建以集体协商为核心的全面沟通体系从本质上是采取了较为温和的劳资沟通方法，最终目的是实现劳资共赢的关系格局。在企业员工与企业沟通之前，工会与人力资源部门也要充分地沟通，甚至工会与企业也要进行直接沟通。这种沟通的意义在于促进劳资双方对沟通目标的认同，促进劳资双方对各自问题、困难、诉求的理解，促进劳资双方在启动沟通机制之前能够创造一个理性、温和的氛围。

另外，制度是必不可少的因素。劳资双方无论启动哪一种类型的沟通机制，制度建设必须跟进。若没有建立相关制度，或者没有得到员工和公司的认可，则很有可能失去其合法性与合理性。有可能导致过于随机的沟通方式，无法获得双方的信任。

让沟通机制得以良好运行、让制度可以落地的重要条件是企业内部参与机制的启动。从制度的建立到沟通机制的运行，再到沟通结果的实施都是在保证正常的生产、工作秩序的前提下，实现劳资双方的参与。

七、讨论与反思

根据对花都区汽配行业集体协商典型案例的梳理和分析，这四家企业的集体协商机制的价值主要体现在示范性与引领性。对区政府部门来说，这些经验的总结和研究有助于探索汽配行业集体协商机制的特色，即沟通式协商，也有助于政府部门进一步探索不同企业适合推进的协商模式。当然，这种推进工作并不是照搬复制，而是要根据具体企业的劳动关系状况进行。

示范性主要是指区政府部门从劳动关系治理的角度，思考如何树立这些企业独到经验的典范，凸显企业通过集体协商在改善员工权益状况、稳定劳动关系等方面的作用。让更多尚未建立集体协商机制的企业通过相互交流、实地考察、积极试验等方式学习。

引领性则体现为推动当下的示范经验，区政府部门不断寻找企业集体协商机制的不足之处，在探索集体协商的可持续性发展模式上发挥引领功能。

在推动集体协商机制成为花都区汽配行业调节劳资关系重要机制的工作中，区政府、人社部门和工会还将面临三个方面的挑战。这些挑战也是在改革试验区未来的工作中需要集中讨论的问题。

其一，本区汽配行业集体协商所面临的问题就是如何兼顾不同国别企业的差异性问题。就目前花都区大部分能够在集体协商方面有所建树的企业来看，主要是外资企业或合资企业。外资企业较为尊重员工的基本权益。国有企业、民营企业在集体协商工作的发展中还面临诸多障碍，如何在国有企业、民营企业中找到集体协商发展的空间尤为重要。

其二，企业规模是制约集体协商机制发展的重要原因。规模较大的企业对集体协商机制的接受度是比较高的，这主要是因为企业需要通过集体协商来统一员工的诉求和意见。但是，对企业员工不多的小微企业是否适合推进集体协商机制的建立或建立何种类型的则需要进一步探索、论证、试验。

其三，区人社部门如何与区工会协同推进集体协商也是需要被重视的问题。目前，区人社部门和工会对企业集体协商的推进工作仅限于发现典型、研究经验与分析可行性的阶段。而如何将研究的成果转化为具有可复制性的实践经验，并付诸实施与推广，则是需要进一步研究的问题。开展集体协商工作需要企业内部真正形成劳资自治机制，政府、人社部门和工会要找准定位；从被动发现、总结、研究到主动推进、建构、完善；做好引导者、服务者和监督者，推进集体协商机制发展。

第二节　创新区域化集体协商的治理

近年来，全国各地在创建和谐劳动关系的进程中紧紧围绕党中央的统一部署，在促进经济的可持续健康发展、建设具有中国特色社会主义和谐社会方面取得了很大的进展，劳动关系在总体上保持和谐稳定。但由于社会经济的复杂原因，尤其是在经济发展新常态的影响下，劳动关系矛盾在一些地区和行业进入了凸显期和多发期，劳资纠纷和冲突时有发生，向劳动关系治理提出了新的挑战。为维护社会和谐稳定、处理好企业和劳动者的利益关系，并充分激发广大职工的积极性和创造性，有关部门需要有与传统思路不同的做法和创新，用新的理念处理好企业和劳动者的利益关系问题，为社会的发展与稳定奠定坚实的基础。目前，各地在治理探索和制度创新方面已经作出了一些有益的尝试，特别是大连市金普新区的区域工资集体协商的规范化建设和深圳市盐田区的和谐劳动关系综合试验区的建设，取得了令人瞩目的成绩。这两个地区以各自不同的角度和方式，在创建和谐劳动关系的过程中进行了有效的治理探索和制度创新，为妥善化解劳资矛盾、预防劳动争议和促进经济健康发展做出了突出的贡献，值得推广和学习。

一、创建和谐劳动关系的主要挑战及对策

创建和谐劳动关系越来越受到国家的重视，特别是2015年，中共中央、国务院印发《关于构建和谐劳动关系的意见》，各级地方和部门及时出台了实施意见和细则，为创建和谐劳动关系营造了很好的制度氛围。但是由于历史和现状的原因，创建和谐劳动关系仍然面临比较严峻的挑战，包括传统思路的桎梏、新形势下的劳资矛盾变化和具体落实过程中的问题。首先是劳动关系治理的观念性挑战。传统的观念是被动式、运动式和阶段性的，往往是有了劳动争议，有关部门才会介入，这种等待式的观念在经济活跃度低的情况下还可以勉强支撑，但是现在大量劳动争议的出现对此类观念带来了冲击，是非可持续性的手段。其次是劳动关系治理的复杂化挑战。在经济转型步伐加快的期间，劳动关系趋向复杂化，劳动者的诉求越来越多元化，劳动关系矛盾进入多发期和凸显期，劳动争议案件多发并居高不下，有些地方拖欠工资、损害职工利益的事件影响比较突出，导致处理集体劳动争议的难度增大，这些新形势对劳动关系的稳定构成了新的挑战。最后是处理劳动关系的制度化挑战。目前，基层劳动关系的协调处理能力有待加强，劳动关系矛盾的源头治理机制尚未形成，企业及行业内部的协商渠道不够畅通，企业、社区与各级政府之间缺少高效的沟通，容易对社会稳定造成影响。

针对种种挑战，我国政府在综合治理方面还是取得了一

定的经验，以系统化和创新化的角度处理劳动关系。一是劳动关系的国家治理方向逐渐向用目标管理的方向改变，围绕可考核的目标，各级地方政府和工会组织逐步用“国家主导”的模式来推动集体协商制度的发展。二是各地在探索劳动关系治理的过程中扩大了指标体系的使用，以量化的指标来考核政府、企业与工会建设和谐劳动关系的质量。这种具有实用性的指标体系可以用来测评企业劳动关系的成果，用契约指标和竞争指标为其提供劳动关系的诊断与预警，为推动建立规范有序的新型劳动关系形成一些全方位、多层次的创建局面。三是社会化大调解制度。为提高劳动争议调解和仲裁的质量，调动各方面的积极性，社会化大调解制度借助已有的行政调解、工会调解、人民调解和司法调解等制度，以多层次、多角度的调解机制化解劳资纠纷，强化了各部门在应对劳动争议、社会冲突时的沟通协作，有效地把劳资矛盾控制在基层，形成了一种具有中国特色的社会治理创新制度。

在贯彻落实创建和谐劳动关系的过程中，各地区的做法并非千篇一律。各级政府和有关部门因地制宜地开展劳动关系的治理模式，可是在过程中也出现了指标覆盖率和实际效果脱节的状况，有些制度落实的实际效果与计划并不相符，甚至影响了一些地方劳动关系的和谐稳定，对国家治理体系的整体推动起到了负面作用。在此方面，大连金普新区和深圳盐田区在加强集体协商的劳动治理、惠及职工收入、保持和谐劳动关系方面的经验做法值得借鉴。

二、大连金普新区的集体协商治理

大连金普新区吸引了众多的外商投资企业。由于劳动密集型的外资企业多、年轻职工人数多，劳动关系非常复杂，职工的诉求也更多集中在薪酬方面。

大连金普新区工会对此非常重视。经调研分析，平衡劳资关系的关键环节在于找出一套化解纠纷的长效机制，特别是通过推动建立企业工资集体协商机制，实现工资有序增长，重视职工对利益、尊严和公平的诉求，从而降低争议出现的风险。因此，制度改革和创新包括推动建立工资集体协商的区域协调机制、企业工会联动机制、工会干部培育发展机制和职工民主参与决策机制。

该地区企业的工资协商制度早在 20 世纪 90 年代就建立起来了，但是因为协商依据的严重滞后、企业工会各自考虑、市区部门协调不够、工资协商的效果不理想等原因，得不到企业和职工双方的认可，导致劳动争议的诉求仍然集中在工资增长这个问题上。为扭转这种局面，该地区工会从 2011 年开始总结经验，创新性地进行区域协商机制改革，把全区企业的协商工作统一协调到工会的总体规划当中，自上而下地开展协商。在具体做法上，他们创造性地推出由区工会发表的年度区域工资调整指导标准，这个指导线的出台考虑了全区人民的生活水平、物价变动的情况、企业职工的工资水平，并以 200 多家代表性企业的调研数据为依据，兼顾了企业与职工双方的利益。在调研过程中，该区工会与企业代表、员工代表以及外商企业商会多次沟通商谈，各方交换信息和意见以达成共识。经过细心筹备，每年春节后，该区的工资调整指导标准都能在充分调研和科学论证的基础上出台，并为接下来的企业工资协商提供了可行性的标准。为加强对区内企业工会的统一协调和指导，该区工会在 2010 年后重新调整外商投资企业工会联合会（外企联）的组织功能。在工作职责上，外企联对企业工会进行指导，定期举行工作站例会和站内企业工会例会，以及加强工会之间的信息沟通、学习氛围，推动工会工作的规范化建设，使各级工会之间形成良好的沟通互动、信息联通、互相联动的良好局面，为工资协商工作的开展搭建了很好的组织架构。

在工会组织建设方面，大连金普新区工会着重培育发展了一支强有力的企业工会干部队伍。以企业工会主席、工会干事、工会委员为主要对象进行集中培训，以联席会议等形式加强沟通。区工会在基层组织建设、人员配备、职责分工、集体协商、职工活动等方面对企业工会进行全方位的指导。工会骨干人员发展的一个重要创新工作就是建立工会主席保护制度，通过监督任职、离职、保障履行职责等方面的工作，确保企业工会主席能够经受住民主选举、换届的考验。遇到因为工资待遇、绩效评估等问题而故意打压工会主席，或在集体协商时有意为难工会干部行使职权的情况，区工会都要主动约谈企业管理层，保护工会干部，纠正企业不合法、不合理的行为，让工会主席能够安心工作。工会主席保护制度的实施，保证企业工会能吸引人才，全力维护职工正当的权益，尤其在推广工资集体协商和协调劳资关系上起到了极其重要的作用。

为给集体协商提供有力的程序保证，大连金普新区工会以规范的民主管理制度确保企业规范有序运行，把落实职代会情况、责任追究制度作为评选先进和监督管理的主要方式，并在全区普遍推动职代会的建设。通过落实厂务公开、职代会表决企业的重大事项等，把工资协商、集体合同、奖惩办法和裁员补偿等涉及职工重大利益的事项交由职代会民主审议通过，并由区工会监督检查，使职工能够真正参与民主决策、民主管理，增进职工参与管理的积极性，为工资集体协商的顺利进行搭好一个民主协商的平台。大连金普新区工会还完善了自设的法律援助中心，为数万名职工开展上访、咨询、调解、代理等服务。

区域协商的另一个主要做法是区工会对企业协商的统一协调和指导，包括培训企业人事部门、工会和职工中的协商代表，指导企业按照有关规章制度进行规范协商，帮助企业达成协议，监督企业协商的结果。他们还设立了工会微信公众平台，及时宣讲政策、互相沟通信息。由于措施得力、指导到位，每年企业的工资协商都可以在一定期限内完成，而且能够做到依照程序、员工参与、职代会批准、文本入档并抄送区工会备案等环节。从 2011 年到 2015 年，工资协商机制的全面推广使全区企业普遍建立了工资协商机制，推动职工工资的稳步增长，全区职工的年平均工资由 2011 年的月均 1990 元增加到 2015 年的 3484 元，有效满足了职工对工资增长的需求，使企业和职工在工资这个最大的争议节点上始终保持畅通、有序的对话机制，工资调整得到了持续性的、制度化的保障，有效降低了劳资矛盾发生的风险。

大连金普新区的区域性工资集体协商机制并非从无到有，而是创新性地重塑已有的协商制度、职代会制度和外企联制度，通过工会选举、职代会授权等方式增强企业工会在职工队伍中的威信，促进了企业工会的趋同化和组织化，企业集体协商也能够在区工会的统一部署和组织下有序进行，加强了协商的合法性，使劳资双方都能够接受工资的涨幅。工资集体协商机制使企业的管理方改变了对工会组织的看法，增强了企业对工会的支持和理解，同时职工对工会的认识度、信任度也显著提高，企业工会主席的影响力不断扩大，全区的劳资矛盾不断下降。在经济新常态的环境下，很多大连的外资企业都在调整发展策略，规范平衡的劳资博弈，所以由地方政府和工会主导的集体协商需要精准把握当地经济发展、企业状况、职工诉求等情况的具体信息，推行工资协商更需要科学决策，以避免产生负面效应。

第三章

工会推动建设劳资沟通平台

在企业中，要实现集体协商源头治理的功能需要根据不同企业的类型形成不同的机制，而支撑协商得以顺利进行的重要前提之一则是劳资双方能够进行有效的前期沟通。这种沟通机制是推动集体协商机制建立并长效运行的基石。天津经开区总工会通过创设“三个一”工作法证明，企业内部确立具有可持续性的沟通机制是实施源头治理的重要策略之一。

“三个一”工作法以倾听、沟通、改善三个工会工作的基本程序为依托，试验性地在企业中进行三个“一次”，获得了企业的支持和职工的认同，经过不断磨炼和修正，最终形成指导经开区总工会及各类型企业工会工作的基本方法。“三个一”工作法已经成为协调经开区劳动关系的核心机制之一；促进劳动者与用人单位营造良好对话氛围的通用方法之一；建立企业内部沟通，解决劳动问题的方法之一；提升企业劳动关系管理水平的可行机制之一；为天津经开区优化营商环境软实力、提升社会治理水平的创新经验之一。

习近平总书记在党的十九大报告中强调，要完善政府、工会、企业共同参与的协商协调机制，构建和谐劳动关系。“三个一”工作法则是实现劳动关系和谐顶层设计路径的实践证明。中华全国总工会提出坚持以习近平新时代中国特色社会主义思想为指导，不断深化做实产业工人队伍建设改革。“三个一”工作法正是实现企业工会推进深化新时代产业工人队伍建设的切入点，通过拉近企业工会和职工的距离，带动当代产业工人形成有中国特色的产业工人文化。

本章基于对“三个一”工作法发展历程的回顾、理论内涵的考察和实践经验与效果的分析，通过对经开区总工会、典型企业工会、企业行政方、部分参与“三个一”工作法的职工的深度调查与访谈，旨在强调工会工作在创新理念的指导下能够发挥甚至凸显在和谐劳动关系构建中积极而重要的职能；为我国企业工会在维权和服务工作中增强其可能性、可行性、可持续性提供具有参考价值的解决方案。

第一节　可持续的“三个一”工作法

天津经开区总工会推动“三个一”工作法是为了从工会的角度找到一个能够协调劳资关系、推动集体协商的抓手。自2005年以来，天津经开区面临众多的群体性劳资纠纷，这些纠纷让政府和经开区总工会开始意识到，仅仅靠“消防员”式的应对方法很难真正解决劳资冲突。尽管集体协商可以作为应对群体性劳资纠纷的一个有效机制，但是这一机制的实施不能一直依靠劳资冲突作为驱动力。因此，天津经开区总工会从2009年开始以“三个一”活动作为改革工会工作的切入点，开启了基层工会改革的新阶段。

一、持续破解问题的机制

“三个一”工作法源于天津经开区企业面临劳动争议不断出现的压力。从区域劳动关系的角度来看，劳动争议，特别是群体性劳资纠纷的处理，从政府到工会都缺乏源头治理的意识和方法。所以，一次倾听、一次沟通、一次改善，恰如其分地切中要害，将争议的解决从事后处理的逻辑初步转向事前协调的逻辑，使企业职工合法、合理的诉求能够通过工会的介入得到解决，进而避免其有求无应，投诉无门的问题转化为劳资纠纷的诱因。

“三个一”工作法在2010年初见成效，一批企业工会脱颖而出。而当时的经开区总工会敏锐地捕捉到了工会效应在企业中通过“三个一”工作法得以“发酵”。倾听、沟通、改善的逻辑在被企业接受和认可的同时，也使工会工作在企业中获得了发展的空间。一批企业工会随之开始将“三个一”工作法也作为工会改善与企业管理层和职工之间关系的重要机制。企业工会通过不断倾听职工的心声，逐步改变了企业工会与职工之间缺乏信任的问题，并进一步通过与资方的沟通，帮助职工解决各方面的诉求，使工会作为“娘家人”的代表性得以凸显。然而，随着工作的不断推进，越来越多的企业工会也深刻意识到工会工作不仅要紧密依靠职工群众的认可和支持以及区总工会的指导和引领，而且还要企业支持工会工作的开展。区总工会认为企业工会不仅要满足职工的需求，还要发挥促进企业发展的作用。因此，区总工会开始鼓励工会倡导职工提出的“合理化建议”“金牌团队”等多项活动，在追求职工满意的同时，也实现了帮助企业在优化工作流程、提升生产效率、教育引导职工、改善劳动关系管理等方面发挥了关键作用。

随着“三个一”工作法得到职工和企业的双重认可，部分企业工会已经将“三个一”工作法的发展方向定位在制度化的发展上。倾听、沟通、改善首先在部分企业工会内部形成了制度，具有较为明确的程序。部分工会还将“三个一”工作法上升到企业规章制度和员工守则的层面，例如“劳工道德标准”等。制度化意味着无论企业的管理者如何变动，倾听、沟通、改善的机制都将成为企业长效运行、全员遵守的规范。当然，制度化得以进步并非是水到渠成，而是需要依靠企业工会的工会委员、职工代表具备协助工会实现与职工的有效沟通，特别是上传下达、下情上报的能力。因此，在倡导企业工会将“三个一”工作法制度化之后，关于职工代表和工会委员的培训工作又在区、企两级工会中不断增加，逐步提高企业工会工作者的能力。

近两年，经开区的总体经济状况不尽如人意，企业工会工作所面临的问题也在悄然发生改变。经开区总工会开始进一步思考如何让“三个一”工作法预防由企业关、停、并、转、迁所引发的群体性劳资纠纷，或者能在这类劳资纠纷萌芽的状态下，通过工会的努力避免其转化、升级。随着新生代职工的数量越来越多，企业工会如何通过改善、倾听、沟通机制，主动适应新生代职工，已经成为各企业工会面临的新问题。此外，企业工会如何在经济下行期，通过“三个一”工作法的优化，进一步实现工会服务功能的精准化、特色化是“三个一”工作法未来发展的方向。

二、区企互动的基石作用

“三个一”工作法从成型到成熟的发展过程证明了经开区总工会与企业工会不断互动的作用。这种互动性，体现在企业工会积极参与经开区总工会最初的“三个一”活动。这不仅取决于企业工会确实可以从倾听、沟通的尝试中获得职工的欢迎和企业的信任，更取决于经开区总工会深入企业，指导企业工会，甚至帮助企业工会与高层管理者进行沟通，因此，上级工会的全力支持带动了更多企业工会参与其中。

随着越来越多的企业工会参与其中，经开区总工会积极地为企业工会搭建平台，通过选出有优秀经验的工会，促进企业工会之间共享经验、交流问题、取长补短，也形成了一些较为经典的案例。

“三个一”工作法并非只是企业工会的工作方法，更是企业工会对企业劳动关系管理，甚至塑造企业文化的一条重要路径。经开区总工会提出要将“三个一”工作法下沉到职工之中，具体表现为各企业工会围绕“三个一”工作法组织职工代表以“金牌团队”的形式推动团队文化建设。因此，“三个一”工作法是在区总工会和企业工会互动的基础上形成的，并进一步成为企业职工都逐步了解、适应、接受、认同的工作方法，也成为推进新时代产业工人队伍建设的具体方式之一。

三、从尝试到迭代发展

“三个一”工作法在企业中的适用性是区总工会和企业工会一直思考的问题，从多大限度上可以让“三个一”工作法成为一个企业长效运行的工作法，这取决于区总工会从顶层设计、企业工会从实践应用两个层面的创新精神。

“三个一”工作法的创新主要体现在其内涵的变化上。从2010年开始，“三个一”工作法实现了试验性的突破后，就开始向建立一个倾听的渠道、一个稳定沟通的机制和实现一系列改善的新格局发展。在越来越多的工会加入“三个一”活动后，经开区总工会开始提出要企业工会在企业中搭建一套类型化的倾听机制，形成一系列长效的沟通机制并实现劳资共赢的改善效果。

经过多年的不断创新，“三个一”工作法终于从行动、活动逐步进化为一个贯通到企业职工层面的工作方法，也让企业工会通过这一工作法逐步融入集体协商、民主管理、日常服务、职工教育等多个方面的工作之中。为了更好地拓展“三个一”工作法的应用范围，区总工会又倡导将工会人才赋能作为深化“三个一”工作法的重要机制，以激活企业工会委员、职工代表运用“三个一”工作法的能力，并同步形成学习型工会组织的氛围。

“三个一”工作法的基本逻辑仍是“倾听、沟通、改善”，并且，“三个一”工作法在一些具有创新精神的企业中推陈出新。例如，有的企业开始挖掘“三个一”工作法与“工匠精神”建设之间的联系，并推出了加强引导企业职工工匠精神的培训计划；有的企业则针对新生代职工、特殊类型职工（如残疾职工等）的具体问题，通过“三个一”工作法进一步制定出更加精准化的标准。

第二节　“三个一”工作法的意义和功能

“三个一”工作法是具有中国特色的企业工会工作法，它既凸显了工会在完善政府、工会、企业参与协商协调机制的建设，又通过帮助企业减少和预防职工与用人单位之间的矛盾，来促进劳资双赢的格局。从区域经济发展的角度来说，“三个一”工作法增强了企业战略劳动关系管理的软实力，继而较好地提升了经开区整体的营商环境。

“三个一”工作法实现了有关劳动关系的三个平衡点：其一是职工权益和企业发展之间的平衡；其二是企业战略劳动关系管理与工会工作战略发展之间的平衡；其三是企业组织变革与职工适应能力之间的平衡。

随着“三个一”工作法的不断改进，它也在新时代产业工人队伍建设的工作中提到从精神层面提升工匠精神、促进劳资合作意识、降低企业转型升级风险的功能。为工会在和谐劳动关系的构建工作中发挥关键性作用提供了良好的基础和进一步探索创新的契机。

所谓“三个一”就是指倾听、沟通、改善工会开展工作的基本步骤，通过企业工会委员会完成一次倾听职工的诉求，与企业行政方、管理方甚至企业高管进行一次有效的沟通，进而在职工提出的诉求上加以改善。这种改善的效果有利于营造职工和企业双赢的局面，如图 3.1 所示。

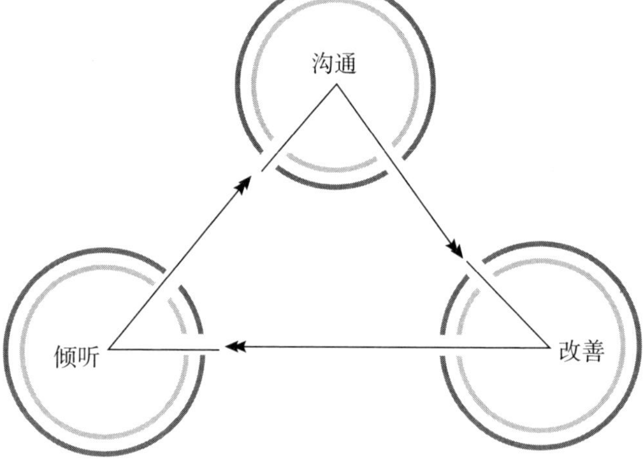

图 3.1 “三个一”工作法

如果通过三个“一次”的步骤，工会工作的效果得到企业和职工的认可，那么“三个一”工作法就可以在企业中得以延伸，工会工作也可以在企业劳动关系协调、管理等方面发挥更大的作用。当三个“一次”的步骤不能满足企业和职工的需求时，就会催生多样化的倾听渠道、不同类型的沟通机制，并提升改善的质量和数量。

当“三个一”工作法的机制运行成熟之后，则可以进入更加高级的阶段，即制度化阶段，或写入企业规章制度，或写入员工守则。此外，“三个一”工作法还可以作为企业文化建设的一部分，从工会的角度对企业的生产、工作绩效的提升，以及对企业职工的教育、引导，企业文化的完善发挥重要的作用。

经过十年的探索与总结，经开区总工会认为企业工会如果能在维护职工合法权益的工作中真正发挥作用，则必须扮演好劳动关系的协调者和职工心目中的“娘家人”，如图 3.2 所示。这也就需要企业工会成为企业中最了解职工诉求变化、思想动态、行为逻辑的组织，只有这样才能真正想职工之所想，满足职工利益和发展的需求。而协调者的角色则要求企业工会通过沟通、对话的方式来预防甚至化解劳动者与用人单位之间的纠纷与冲突，推动劳动关系中的双方成为合作伙伴关系。

图 3.2　企业工会的角色定位

第三节　合作为体、沟通为用

一、以沟通、协调、合作为纲

经开区总工会对“三个一”工作法的基本原理进行复盘，试图找到这一工作法在企业中能不断延续的基本逻辑。经过反复推敲并组织专家多次调研和论证后，“三个一”工作法的基本原理可以概括为三个核心概念：沟通、协调、合作。

倾听机制的本质就是沟通，从各种劳动关系协调机制来看，无论是早期的集体谈判到三方协商机制、社会对话机制、第三方调解机制还是企业内部的员工参与机制，其本质都是依靠不同的方式，促进劳资之间建立沟通的平台。而作为工会工作的重要方法，倾听包含了对劳资双方信息收集和诉求反馈的两个过程，推动这两个过程的中坚力量正是企业工会。而工会实现劳资沟通的前提是工会、职工和企业方之间的沟通能够顺畅。

企业工会的中国特色体现在工会与职工在法律层面上具有制度保障，其身份上具有与职工建立互信的基础，其实现沟通的工作方法上更具有人文关怀的特征。另外，企业工会与资方的沟通则可以更有效地以职工较容易接受的方式传达企业行政方的信息、意见和决策。企业工会作为职工与企业之间的桥梁、纽带的功能就是通过沟通，引导双方相互理解与合作。

沟通机制的本质则是协调劳动关系。协调的内涵就是承认职工与企业方之间具有无法避免的利益关系和人际关系的矛盾，但可以通过协调的方法解决。在企业内部劳动关系不同的阶段，法、理、情的问题会表现各异。“三个一”工作法就通过分类处理的方式，将体现在不同诉求、不同类型职工、企业发展不同阶段的问题及时通过沟通的方式甄别出来，尽早介入并调和，使职工和企业行政方之间有意愿、有耐心、有意识地找到解决问题的方法和彼此妥协的空间。

改善的结果则可以概括为劳资之间合作关系的建立。当然，这种合作关系的建立不一定是理想状态下劳资之间相互认同、彼此尊重、最终走向利益一体。通过“三个一”工作法实现的劳资合作形态更加具有多样化的特点，既包括较为基础的劳资双方维系劳动过程的延续，也包括劳资双方能够形成主动理解对方的氛围；既包含劳资双方利益让渡的空间，也包含劳资双方彼此认同的境界；既包含劳资双方遵守制度的行为，也包含劳资双方共同发展的愿景。职工和企业方形成合作的关系是“三个一”工作法实施的最终目标，而另一个重要的目标就是工会要和企业形成伙伴关系。

二、“打破僵局”九步法

（一）基本步骤

1. 工会委员会内部商讨，选 3 到 5 个职工普遍比较关心的诉求。

2. 通过非正式场合与基层管理者、职工代表或会员代表进行沟通，了解所选的诉求是否能反映大多数职工的意愿。

3. 可以通过确定一项诉求，对所有职工代表以线上的方式进行确认，若无职工代表可让班组长或团队领导替代，则对这些诉求进行具体的规划。

4. 工会总结诉求之后，与企业人力资源管理或人事管理部门负责人沟通，论证落实该诉求的可行性，包括企业接受程度、改善落实的成本核算、与企业行政方沟通的策略。

5. 工会进一步制订与企业行政方的沟通计划，包括以下几个关键点：

（1）明确沟通的地点、时间，尽量选取半正式的场合。

（2）沟通的环境要相对轻松。

（3）沟通的问题要明确，理据要充分，特别是要具备代表绝大多数员工意见的依据。

（4）要提前确认是否有必要让职工代表参与。

（5）沟通的结果要形成书面文件。

6. 工会将沟通的结果通过职工代表或班组长向职工进行反馈。

7. 工会进一步推动改善项目的落实，并与相关部门协商制定时间表。

8. 改善落实之后，要主动收集员工的反馈，并由工会委员会反思在倾听、沟通、改善三个环节中的经验与教训。

9. 将第一次经验进行总结，根据在具体实施过程中所遇到的问题，由工会委员会制定一个初步的规范化流程，提交经开区总工会审核，提出意见，进行完善。

（二）注意事项

“三个一”工作法之所以能够在企业中生根发芽、开花结果，首要的条件是可以让企业对工会工作的改善效果给予认可。而要实现这个效果，就必须在第一次应用“三个一”工作法的过程中，增强其可行性。

总结过往的成功经验，保障可行性的条件包括三个方面，涉及三个问题，即倾听什么样的诉求？怎样与企业沟通更加有效？如何保障改善的有效性？

1. 第一次倾听职工的诉求，企业工会要明确“三个一”工作法实施的直接目标和战略目标，直接目标是通过第一次倾听之后能够有效落实职工的诉求，提升职工对工会组织的满意度和认可度；战略目标是能够让职工和用人单位都可以接受“三个一”工作法，并将“三个一”工作法确立为企业中的某项制度。因此，企业工会对员工诉求的选择要兼顾可行性高和反映大多数职工意见的事项作为备选项。因此，在“三个一”工作法第一次实施的过程中，工会可以考虑职工普遍关心的基本需求，如食堂餐食问题、住宿问题、班车问题、工作环境问题等。

2. 在第一次实施“三个一”工作法的过程中，与企业行政方沟通的环节至关重要，这不仅是赢得企业支持和认可的机遇，也是“三个一”工作法能够最终成为企业劳动关系管理制度的重要基础。

因此，在与企业行政方沟通的过程中，一定要注意凸显工会的优势，用好沟通中的“借力”方法以及沟通的基本技巧。

（1）工会的优势包括能够最真实地反映职工的诉求和意愿；具有先天获得职工信任的合法身份；是建立企业行政方或管理方与职工之间沟通桥梁的最佳渠道。

（2）工会的“借力”方法包括工会与高管进行沟通前，应该与企业人事管理部门进行沟通，达成共识，由人事部门提前向企业高管进行非正式汇报，便于企业高管接纳，借好部门之力。

与企业相关部门进行沟通落实改善项目的过程中，应该尽量制订好计划，特别是对相关部门的责任进行协商落实，主动承担一些相关部门因工作压力和任务无暇完成的工作，借好程序之力。

与企业高管直接沟通，尽量要把法律、政策、政府的重要领导讲话、同行业相关数据的相关信息准备好，作为说服企业行政方的依据，借好依据之力。

3. 沟通的基本技巧包含三个主要方面：

（1）与职工代表沟通时，要态度尊重、平易近人、多听少说、积极反馈。

（2）与行政方沟通时，沟通的内容要符合企业的文化和企业管理的基本逻辑，在形式上让企业留下工会是为企业发展助力的印象，争取企业的支持。

（3）在沟通反馈的时候，一定要对职工代表或基层管理者进行说明，适度引导职工代表如何与其代表的职工群体进行进一步的说明，包括说法的态度、说明的内容和时间安排，都要有一定的建议，避免在上传下达中出现不必要的误解。

（三）案例介绍与分析

M 企业的工会在“三个一”工作法中实行了工会委员负责制，每年，工会都会向职工做问卷调查，对职工的诉求实现全覆盖，进而全面地掌握职工普遍性的意见和反馈。这些问卷都是由工会委员会的各委员设计的。工会委员还注重面对面的沟通，每一个工会委员负责与 20 名职工进行沟通。另外，工会委员会每周都会组织部分职工代表进行座谈，倾听职工代表的意见。

工会主席根据从各种渠道收集的信息，每周与工厂厂长沟通，并共同制订解决方案，以达成改善职工劳动条件的目标。一般的诉求，如食堂和宿舍条件的改善都能够得到满足，而最能证明“倾听、沟通、改善”效果的则是员工离职率的大幅降低，如图 3.3 所示。

三、诉求分类处理法

（一）“三个一”工作法分类处理的基本步骤

1. 处理即时型诉求的步骤

（1）即时型诉求主要是指利用网络平台进行线上沟通的方式，如微信、QQ 等，在这些平台沟通的诉求都是日常工作过

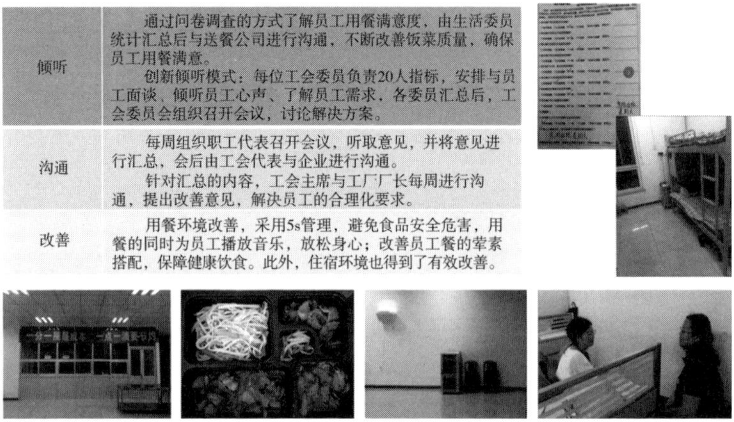

图 3.3 M 企业的“三个一”工作纪实

程中工会可以直接处理和回答或通过工会和相关部门进行简短沟通，即可回答的问题。例如，放假通知的确认、食堂菜品的问题、班车站的变化、工作场所的变化等。

（2）建立职工代表微信群，由工会主席或副主席作为群主，确立部分工会委员和职工代表作为微信群的监督员。

（3）工会委员会针对微信群制定群规，向群内成员公布职工提出诉求或工会征求意见的基本步骤，包括提出诉求的基本类型，群内的发言、表达规范，工会委员会在群内的职责，以及反馈诉求的基本安排。

（4）职工提出的诉求符合即时型诉求的，工会相关负责人要及时回复；若无法及时回复，也要在群内告知职工通过何种方式以及需要多长时间可以回复。对一些企业重要的决策，若工会委员会觉得有必要在群内进行说明，避免职工误解，也可以在群内进行公告。

（5）对群内职工提出的诉求或问题，无法在短时间内进行回复，且需要与部门领导进行沟通的，需要进入专门型诉求的机制。

（6）工会处理职工的诉求后，需要由工会干事及时将职工的诉求进行统计、总结，形成数据。统计的信息可以包括：诉求类型、诉求内容、归口部门、沟通状况、改善措施、改善时限、改善结果、问题反思等。

1. 要求职工代表倾听后记录、处理，或将意见可视化。

2. 工会委员会不定期抽查员工意见收集表，检查职工代表是否履职，对不履职的职工代表进行教育甚至更换。

3. 激励方式：对优秀职工代表进行表彰。

员工意见收集表

1. 职工代表收到召开恳谈会的信息后，应第一时间传达给所负责区域内的员工，并按规定时间提交员工意见收集表。（职工代表要对员工意见进行确认，不合理的要返回给员工并说明原因,对不能判定的员工意见上报给委员代表共同商讨或提交给委员会商讨）。收集的员工意见提交给委员代表汇总后给公司。

2. 工会主席及工会委员不定期进行调查，多数职工提出更换职工代表的，将进行再次选举。对优秀的职工代表在职代会期间进行表彰。

职工代表：

恳谈会召开时间:
区域内员工签字:
员工意见:
职工代表答复:
委员代表答复:
工会委员会答复:

图 3.4　员工意见收集表范例

2. 处理专门型诉求的步骤

（1）工会委员会讨论、议定专门型诉求的范畴，专门型诉求属于无法在短时间内给予职工反馈，且需要与相关部门负责人进行沟通，协调一个或多个部门实现改善目标的职工诉求。

（2）工会委员会设立定期倾听职工意见和诉求的机制，分为主动倾听机制和被动倾听机制。

（3）尝试定期被动倾听机制，例如工会主席接待日、部门领导接待日、工会委员接待日等方式，其中部门领导接待日需要由工会主席负责组织，尽量保证每个部门领导每年都可以参与一次。

（4）尝试不定期被动倾听机制，如工会热线、工会邮箱、工会信箱，这类方式较为传统，可以选择，但不能保证所有诉求都有效被解决。

（5）尝试定期主动倾听机制，如工会主席恳谈会，主动邀请职工代表进行年度、季度甚至月度的工会恳谈会，可以根据恳谈议题，邀请相关部门领导出席。

（6）尝试不定期主动倾听机制，如工会主席不定期去各部门、各生产线，在这个过程中，在不影响职工工作的情况下倾听职工意见。工会委员也可以主动询问职工或职工代表一些意见和问题。

（7）启动被动倾听的机制时，做到每一个诉求有记录，对每一个职工有反馈。

（8）倾听的诉求和问题需要与哪些部门对接，工会委员会应及时与相关部门负责人进行沟通，并确认改善的可能性、改善的时间和方法。若一次沟通难以达成一致，可以进行多次沟通。但是，多次沟通的信息需要向提出诉求的职工进行反馈。

（9）在梳理改善诉求的过程中，要将容易改善的与不易改善的诉求进行分类，总结出专门型诉求可以落实的经验和教训，如表 3.1 所示。

表 3.1　员工意见推进改善记录范例

项目	员工反馈的意见和建议	调查情况	实施意见	完成日期
1	注塑部车间夏季炎热，希望增加空调和电扇	车间没有空调，只有大功率电扇，但是考虑职工安全问题，一般电扇离职工工作台很远或者不开。	公司目前没有办法提供空调给注塑车间，注塑车间装了换气扇，可以起到空气流通的作用；夏季时，为注塑部员工提供冰凉饮料和防暑药品。	待定
2	宿舍没有洗澡的地方	去天海宿舍实地考察发现，宿舍楼有公共澡堂，每天 9：00—20：00 开放，每次洗澡 8 元，但是因为使用公共澡堂的人少，澡堂处于不营业状态。	和天海公寓宿舍管理中心联系后，宿舍管理中心表示，目前没有办法解决。	待定
3	宿舍里没有空调，宿舍门也老旧，部分无法正常关闭	天海公寓不提供空调，部分宿舍的门老旧，多次维修后，仍然存在无法正常使用的情况。	经过和天海公寓宿舍管理中心多次协商，公司出资给天海公寓的我公司员工宿舍安装空调，并将宿舍门换成防盗门。	2016 年 7 月 31 日
4	在宿舍打热水困难	宿舍每栋楼仅有一台热水器，因为下班后是热水使用的高峰期，所以员工下班后经常打不上热水。	和宿舍管理员协商，职工可以提前将暖壶放在宿舍管理员处，管理员在白天人少时将暖壶灌满热水，下班后职工直接在管理员处拿走自己的暖壶，保证每天有热水用。	2016 年 6 月 20 日
5	宿舍卫生条件差，有蟑螂	天海公寓宿舍老旧，蟑螂较为常见。	已经和宿舍管理中心协商，夏季时进行有效消杀。	2016 年 6 月 20 日

3. 处理核心型诉求的步骤

（1）核心诉求是指有关职工切身利益和企业重要管理、决策的诉求，这类诉求包含职工工资、福利待遇，企业管理的规章制度，企业决策，以及涉及劳资纠纷和冲突的一系列问题。

（2）建设核心诉求倾听机制一般采用劳资恳谈会、劳资沟通会等方式，有条件的企业可以采用集体协商的方式与企业行政方进行沟通。在这类沟通机制中，出席的人员一般为工会主席、副主席、部分委员和职工代表，企业行政方则由高级管理者出席，双方确认议题，提供依据，互相沟通，达成一致。

（3）无论是采用恳谈会还是沟通会，其本质都是工会代表大多数职工的核心诉求与企业高层管理者进行沟通的方式。沟通的关键程序包括正式沟通前收集意见、沟通过程中互动，以及沟通后需要改善事项的监督与落实。

4. 准备沟通方案

（1）工会委员会确定沟通代表的人选，与企业行政方沟通的首席代表是工会主席，其他代表包括工会副主席、工会委员、职工代表，必要时可以让普通职工参与沟通。沟通代表也可以通过职代会由工会委员会提名，职工代表投票；或职工代表与职工自荐，职代会投票选举；具体采用哪一种方式要根据企业自身的特征来定。

（2）工会委员会组织沟通代表制订与资方沟通的方案。

收集可以证明职工诉求合法性、合理性、合情性的相关依据，可以通过工会委员提供，也可以通过职工广泛征集，还可以通过互联网，甚至购买咨询公司的数据、报告作为支撑。

安排不同沟通代表的角色分工，包括以理服人的角色、以情动人的角色、缓和斡旋的角色、直接果敢的角色、最终决策的角色等。根据在沟通中遇到的问题和对困难的预判，进行对策研究，并生成实施策略。研究改善的结果应该秉承劳资双赢的原则，做到利益双赢。

（3）工会委员会可以召开职工代表大会，或邀请部分职工代表对方案提出问题和建议，以便让绝大多数职工对未来改善的结果保持积极的预期和接受的态度。

5. 进行劳资沟通

（1）工会委员会提前与出席恳谈会或沟通会的企业行政方确认时间。在此期间，工会可以通过和企业人事管理部门的提前沟通，在一定程度上获得企业行政方对工会提出的改善方案的支持。

（2）工会主席和沟通代表将收集职工诉求和意见的情况以及相关依据，分门别类地向企业行政方陈述，并将改善方案提交给企业行政方。

（3）企业行政方根据工会委员会的改善方案和相关依据对工会沟通代表作出答复。包括哪些情况可以在现场决定和解决、哪些情况需要进一步协商解决、哪些情况需要较长时间才能落实、哪些情况无法落实，并逐一给出理由。

（4）工会主席在与企业行政方多次或多轮沟通之后，要与企业行政方确定改善的事项、改善的具体实施方案、改善的时间表等。

（5）一旦双方协商陷入僵局，工会可以提出休会，或将难以达成一致的事项推迟商讨，让双方有私下讨论的空间和时间。

（6）双方达成一致后，由工会拟定改善协议，双方签字确认。

（7）工会和沟通代表应召集职工代表将工会沟通的结果进行公示，并把沟通中遇到的难题、解决的方法等向职工代表进行说明，并要求职工代表向其所代表的职工进行说明和解释。

6. 追踪与监督改善状况

（1）工会委员会根据与企业签订的改善协议，进一步与相关负责改善的管理者或决策者进行沟通，落实改善方案实施的可行性与落实程度。

（2）制订监督改善质量和进度验收的计划，定期询问和督促。

（3）工会委员会要进行复盘，总结经验和教训，完善机制的步骤和策略。

（二）注意事项

1. 代表常任制还是定期轮换制

工会委员会应注意在职工代表或工会小组长发挥作用的时候，容易出现职工代表无法真正具有代表性的问题。具体表现在如下几个方面：

其一，职工代表只顾自己的利益，而忽略被代表职工的利益。

其二，职工代表的沟通能力不足，导致与职工和工会委员沟通不畅，甚至产生误解。

其三，职工代表不够理性，思维方式偏极端。

以上情况都会导致工会内部与职工代表沟通、职工代表与职工沟通出现问题，甚至会导致劳动争议的发生。因此，职工代表常任制并不是一个可取的方式。工会委员会应该对职工代表的能力素质、性格特点、工作表现等有所了解和评估，对职工代表进行定期轮换。另外，定期轮换还可让更多的职工承担代表的职责，感受到工会工作的复杂和辛苦，进而更加理解工会推动劳资双赢所付出的努力。

2. 随时了解职工代表的诉求

职工代表作为倾听机制中最重要的一个环节，其职能的发挥不能仅依靠工会委员会制定的方式和方法，还要利用一切可以与职工沟通的时间和场合与他们进行互动对话，了解职工诉求的变化，留意职工不满的情绪，掌握职工进步的变化。

3. 激活传统机制的新功能

传统的倾听渠道，如信箱、热线电话等越来越难以受到新生代职工的青睐，所以，为了更好地适应企业职工的新变化，可以将“意见箱”改为“提案箱”，鼓励职工对生产技术、工艺、流程、管理等各个方面需要改善的部分提出自己的合理化建议，工会通过收集这些提案，对确实能帮助企业节省成本、提升效率的，给予一定激励补贴，进而激活信箱的功能。

在很多企业里，热线电话的利用率也不是很高，因此，工会委员会可以考虑将热线电话的功能改为 EAP 心理咨询，聘请心理专家，将“热线”变成“知心姐姐”专线，帮助职工缓解职业倦怠、心理疲劳等问题。

4. 重视非正式场合的倾听

在企业工会推动倾听机制建设的过程中，一定要重视在非正式场合与职工面对面的沟通，职工敢于表达、愿意表达且如实表达的条件就是需要轻松的环境，工会主席、工会委员或职工代表有平易近人的态度，尊重和重视职工的语言和反馈等，可以让职工向其敞开心扉，把诉求表达出来。因此，无论是工会委员还是职工代表，在工作场所应该随身带着笔记本，随时记录有价值的信息。

5. 重视正式沟通前的互动

在正式沟通前，工会需要和企业人事管理或人力资源管理部门进行沟通，以便可以通过人力资源管理部门形成与企业高级管理人员提前互动的氛围，了解企业具体的情况和对职工提出的诉求的接受度等信息。基于此，工会委员会可以适度引导职工从长远的角度考虑问题，加强改善事项的落实力度。

6. 加强对职工代表的培训

职工代表上传下达的工作非常重要，针对职工代表忙于工作，忽视提升相应能力的问题，工会委员会应该在工会培训工作中专门立项，在职工代表的沟通能力、语言组织能力、管理能力、处理信息的能力等方面进行培训。此外，对于工会的专业知识，特别是有关倾听、沟通、改善的机制，需要进行专门培训，让职工代表理解“三个一”工作法的重要性、必要性和可应用性。

7. 形成劳资共赢观念

工会改善方案，一定要争取在回应职工诉求的同时，能够实现企业绩效、管理等方面的直接或间接地改善。工会委员会通过职工代表向职工转达企业接受改善职工劳动条件的同时，职工也应该为企业的发展做更多贡献。劳资双赢的观念应该贯穿于倾听、沟通、改善的全过程。

（三）案例介绍与分析

诺和诺德（中国）制药有限公司工会（以下简称诺和诺德工会）一直紧随天津经开区总工会的节奏践行“三个一”工作法，并且根据企业的状况制定了“三个一”的目标和要求，主要包括倾听与沟通高效化、问题确认精准化、问题改善系统化和改善跟踪持续化。

诺和诺德工会在倾听机制的建设中，不断反思线上（如微信、邮件、热线等）倾听员工意见的方式是否能够真正做到高效、精准地把握员工诉求。诺和诺德工会提出，保持倾听机制高效运作的核心理念应该是避免将倾听的行为陷入对话的程序之中，倾听可以在团队活动中实现，也可以在俱乐部、健身馆、餐厅等场合中实现，工会在任何时候都可以与职工进行沟通。因此，诺和诺德工会坚持以线下倾听为主，希望听到员工真实的意见，提升倾听的效率。

诺和诺德工会将“三个一”工作法嵌入企业的管理文化之中，确保与资方沟通的效率是诺和诺德工会建立有效沟通机制的重要前提。诺和诺德工会开始在沟通机制中加入指标化和类型化的要求。指标化是指诺和诺德工会沟通机制的开展需要参考两个重要指标：问题的影响程度与影响范围。诺和诺德工会依据这两个指标将沟通方式分为工会与员工沟通、工会与相关部门沟通、工会与管理层沟通，如图 3.6 所示。

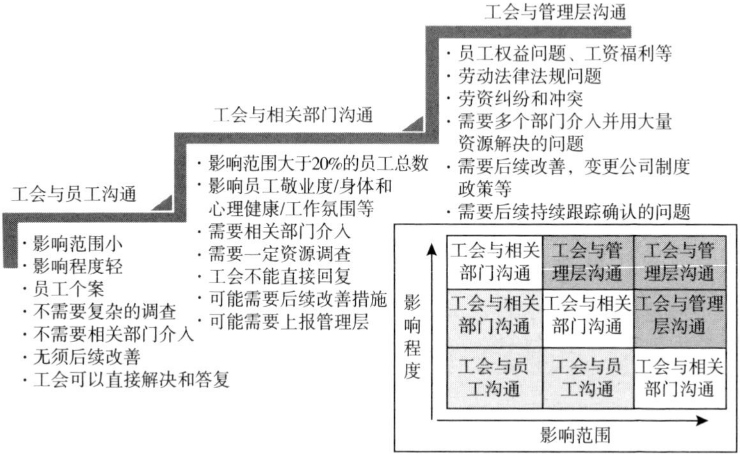

图 3.6　工会沟通诉求分类

如果员工所提诉求或问题影响范围比较小，影响程度也比较低，明显可以被认为是个别诉求，既不需要复杂的调查，也无须后续复杂的改善，工会可直接予以回复。如果员工的诉求影响范围较大，如 100 名员工中有 20 到 30 个人都提到了这个问题，说明这种诉求具有进一步扩散的趋势，而且还会影响员工的敬业程度以及身体健康，工会则必须和相关部门进行沟通合作，并展开相关调查，这种情况下，工会无法立即作出回复，需要在后续进行核实之后才能予以解决。如果员工的诉求及问题涉及完善公司制度的，则必须上报公司管理层，这类诉求包括员工的合法权益、工资福利、劳资纠纷等内容。工会不仅要与企业的各个部门进行协调，还要进行大量的调研，密切与公司管理层沟通。为了保障改善效果，工会还要进一步保持后续跟踪，督促行政方落实员工诉求，整个过程通常持续一年以上的时间。

诺和诺德工会在运用“三个一”工作法解决有关问题时积累了丰富的经验，尤其是对重大问题的处理，更是形成了一套独特的发展体系。例如，诺和诺德曾有 9 名员工因为违反公司政策被终止劳动合同，这些涉及员工权益的问题，既是有关劳动法律法规的问题，也是劳资矛盾的问题，如果处理不当就有可能引发劳资冲突。所以，妥善解决这一问题需要多个部门共同介入，共同寻找问题的根源。一方面，工会测算解雇 1 名员工，公司将损失的工时和相应的成本；另一方面，工会与企业就 9 名员工违反公司政策的原因进行沟通和商讨。工会分析这 9 名员工违反公司政策的原因主要包括：其一，担心被责备和惩罚而掩盖过错；其二，未接受关于公司的规章制度的培训；其三，公司的规章制度存在表述模糊的情况；其四，相关管理人员监管不到位；其五，公司的绩效考核过度关注员工的业务。在工会的提议下，经公司管理层批准，公司启动针对员工行为操守的改善项目，要求各部门配合，制定员工行为操守的有关标准。在此过程中，工会积极与各部门进行沟通和协调，收集员工的信息并予以反馈，并对最终制定完成的行为准则进行有效性的评估。

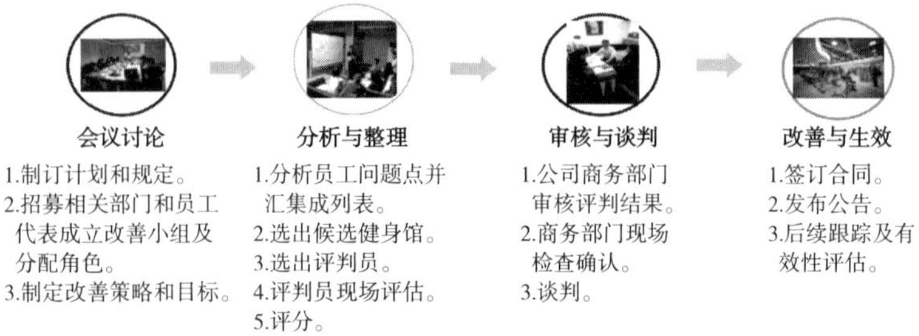

图 3.7 工会与相关部门沟通过程

工会提出的改善措施：一是当员工担心被责备和惩罚而掩盖过错时，可以通过企业的申诉渠道或工会热线来寻求帮助。二是公司重新制定的员工行为准则解决了原制度表述不清晰的问题。三是针对管理人员监管不到位的问题，工会督促管理人员从沟通、绩效和发展等方面要严格参考公司的标准，同时要求企业的绩效考核标准向以业务绩效与操守评定并重的考核标准的方向转变。当然在推动改善措施的同时，工会需要与各个部门通力合作，逐步引入“三个一”工作法的相关理念，达到最终期待的效果。

四、制度化升级

（一）实现制度化的六个步骤

1. 工会委员会对“三个一”工作法实施的成果进行总结，将“三个一”工作法开展的成果列举出来，包括“三个一”工作法实施以来在节省成本、创造价值、提升绩效、鼓舞士气、提高职工满意度、提高职工忠诚度、优化生产或工作管理、改善企业劳动关系状况、预防企业劳动争议等方面有哪些贡献，并把这些“三个一”工作法的效果制作成文本和PPT，作为向企业行政方展示的材料。

2. 工会委员会邀请企业行政方听取工会对“三个一”工作法的总结，并与企业行政方进行沟通，提交把“三个一”工作法写入企业相关规章制度的提案。

3. 在提案中，工会委员会给企业行政方两个选择：一是将倾听、沟通、改善机制作为劳动关系管理机制写入企业规章制度，严格按照制度执行。二是将倾听、沟通、改善机制写入员工守则，成为规范劳资双方沟通行为的规范。

4. 工会与企业行政方达成一致，把“三个一”工作法写入企业的规章制度，但写入规章制度的部分不宜体现过多细节，只要把相关机制的名称写入即可。同时，工会要制定相关实施细则。

5. 工会与企业行政方达成一致，把“三个一”工作法写入员工守则，工会需要在员工守则中写入倾听、沟通、改善机制中各方的职责、权利、义务、基本程序和注意事项。涉及的其他细则由工会自行拟定。

6. 若工会与行政方并未达成共识，“三个一”工作法暂时无法成为企业规章制度的一部分，那么企业工会委员会则需要拟定倾听、沟通、改善机制的细则作为工会的规章制度，并上报经开区工会，以得到上级工会的肯定和确认。

（二）工会委员与职工代表培训

“三个一”工作法能够在企业中真正落地，不仅需要工会主席具有较强的职业能力，还需要来自工会委员和职工代表的有力支持，这就需要工会委员和职工代表加强对工会工作的理解和业务能力的培训。培训的方式可以采用企业工会内训、经开区总工会提供的培训项目和外请专家培训相结合的方式。培训的课程与工会委员、职工代表在掌握“三个一”工作法中所需要的技能紧密结合，培训项目可以参考表 3.2。

表 3.2 “三个一”培训项目

培训对象	培训内容
工会委员	工会专业知识、沟通协商专业知识、职代会专业知识、“三个一”经典案例、沟通能力提升、劳动法律知识、劳动争议调解能力
职工代表	工会专业知识、“三个一”经典案例、沟通能力提升、团队协作能力提升

（三）网络平台的应用

“三个一”工作法可以通过传统的沟通方式进行，一些企业在具备一定条件和前提下，也可以在企业内部的网络中进行运用。从一些企业的成型经验中发现，企业内网建立有关生产监督的体系实现了企业内部的生产监督、改善的作用。

整合式拓展是指企业工会可以将“三个一”工作法整合在内网平台，在平台上，职工不仅可以提出生产方面的问题和改善的建议，还可以提出一些专门的诉求和问题，由工会跟进，并与不同部门进行沟通，解决问题。此外，还可以甄别出一些绩效有问题的职工，通过线下倾听的方式了解职工的需求，由工会帮助其找到绩效出现问题的原因，进一步帮助其成长，改善生产和工作的效率。

独立式拓展是指企业工会可以在企业内网搭建独立的平台。所有的职工可以在这个平台上提出问题、意见。通过大数据统计的方式，让工会能够更加全面地掌握职工思想的动态和满意度的变化趋势，进而让有问题的劳动关系在萌芽时就可以暴露出来，便于工会向企业提出改善建议，避免劳动争议的爆发。

第四节　拓展、适应与延续

一、“三个一”工作法的挑战

“三个一”工作法是天津经开区企业工会开展和推进工作的重要机制，为天津经开区劳动关系的稳定和谐，特别是争议的预防发挥了关键性的作用。但是，经开区总工会在继续推动“三个一”工作法的进程中仍面临诸多问题。

首先，“三个一”工作法如何进一步拓展到更多的企业之中是未来天津经开区总工会必须面对的问题。由于企业工会积累的经验具有个性化的特征，尚未引入“三个一”工作法的企业工会并不能体会这一方法的优势，所以，其工会工作也未能较为顺畅的开展。天津经开区总工会认为，拓展“三个一”工作法的应用范围，帮助更多企业工会应用这个工作法是当务之急，那么，解决这个问题需要从三个方向继续推进。

（1）进一步从实用性的角度开展“三个一”工作法，引导企业工会找到适合本企业的路径。

（2）加强天津经开区总工会的宣传和指导，让更多的企业了解“三个一”工作法，并意识到“三个一”工作法对企业劳动关系管理、提升生产效率、避免劳资纠纷的重要作用。

（3）拓展的工作需要有丰富经验的工会主席进行指导。

其次，“三个一”工作法要积极适应当前天津经开区产业转型和企业转型的新情况，开发新的机制。产业转型具体表现在高新科技企业、新业态企业的逐步落户，在推动这些企业建立工会的同时，如何让其工会工作真正“转起来”，还需要“三个一”工作法有适应企业战略发展的革新。企业转型则表现为越来越多的企业开始引入新的管理手段，例如企业的扁平化组织变革、企业职工与业务关系更加紧密、企业的服务型管理方式等，都为传统的“倾听、沟通、改善”机制带来了挑战和压力，推陈出新势在必行。

最后，“三个一”工作法如何在已经成熟的企业工会中继续延续。近三年来，在企业工会中，一部分经验丰富的工会主席即将退休或不再担任主席职务。“新生代”企业工会主席如何成为未来“三个一”工作法的扛鼎人选，则需要继续探索新的路径。

二、推进“共建共治共享的社会治理格局”

习近平总书记在党的十九大报告中提出，“打造共建共治共享的社会治理格局”。天津经开区总工会认为，“三个一”工作法恰好在形成劳动关系治理的新格局中响应了党中央的重要规划。倾听、沟通、改善机制的建设需要工会和企业行政方共同投入、逐步完善、不断成熟。而企业工会引入“三个一”工作法就是在推动工会、企业行政方和职工共同参与治理企业劳动关系、企业生产和企业变革。这也是在区域劳动关系治理中具有中国特色的机制之一，改善的效果也正是共享的体现。工会不仅让企业和职工共享企业发展的经济成果、发展成果，而且也和企业共享了工会工作方法为企业劳动关系管理的优化带来的成果。

第四章

劳资沟通机制与争议预防策略

在构建和谐劳动关系的进程中，党的十九大报告明确提出了构建具有中国特色的政府、企业、工会共同参与的协商协调机制的工作目标，目标的确立与当前我国劳动关系面临的主要挑战颇为契合。

近年来，由于受经济放缓、投资转移、中美贸易摩擦等各种因素的影响，企业面临着因关、停、并、转、迁引发的裁员问题，企业内因员工的利益诉求、精神需求等原因，也易发生各种劳资纠纷，导致区域劳动关系面临着不稳定的风险。深圳市坪山区作为一个工业较为集中的区域，一直以来将劳资纠纷调处的工作作为劳动关系最为核心的工作之一。自建立为省市共建和谐劳动关系综合试验区以来，坪山区一直尝试在劳资纠纷调处的机制上创新，特别是从解决劳动争议社会化机制入手，完善了由外及内的社会力量参与的劳动争议调解机制。目前，我国对劳资纠纷的治理强调以调解与预防相结合的方式来制定综合性的治理策略。

从预防劳资纠纷的角度来看，源头治理是地方政府在治理劳资关系工作中关键的切入点。而实现源头治理的突破口就是地方政府如何从服务企业的角度，向企业提供解决其实际问题的公共产品，调动更多企业在内部逐步建立适合本企业发展的劳动争议调解机制。

第一节　多元化纠纷调处机制的建设

一、纠纷调处机制的兼顾性

深圳市坪山区作为省市共建和谐劳动关系综合试验区，在社会力量参与劳动关系治理的工作中卓有成效，逐步形成了劳动纠纷调解社会化的创新机制，并在此机制发展的基础上，推动了不同类型的社会力量参与劳动关系治理工作的模式。劳动纠纷社会化调解模式的主要作用集中体现在三个层面：即事后解决、由外及内、促成合意。社会力量介入劳动纠纷的方式多为企业人力资源部门或行政部门的管理者以及扎根社区的劳动纠纷调解专家的介入。在出现劳动纠纷之后，他们以更加柔性的调解方式解决劳资之间的纠纷与冲突。

劳动纠纷社会化调解的价值更多地体现在对已经出现的纠纷进行有效解决。但是，企业内部自主的劳动纠纷化解机制尚未在本区的企业中得到系统化的建设。更多的经验来自企业不断地试错和总结形成的方式和方法，对试验区进一步推进劳资纠纷的预防与解决具有重要的启示性意义与价值，地方政府需要从劳动关系治理的角度，根据不同类型企业的具体情况，深入挖掘、系统整理、推进经验借鉴，指导企业将纠纷调处机制在组织中落地。

企业内部建立纠纷调处机制的必要性体现在以下五个方面：

第一，企业内部建立纠纷调处机制是实现共建、共治、共享劳动关系治理格局的重要体现。企业纠纷调处机制的建设，本质上需要劳资双方共同参与，逐步促使企业内部制度、机制、执行策略的实施，消除可能引发劳动纠纷的各类隐患也需要劳资双方进行充分沟通来实现，最终让劳资双方在避免矛盾爆发、转化、升级的同时，推动实现共赢的局面。

第二，企业内部建立纠纷调处机制是企业调整劳动关系的基础条件。企业内部纠纷调处机制的建立需要企业劳资双方对纠纷调处制度有认同感，以劳动法律为原则，以企业内部劳资沟通、对话的机制为基本解决手段，进而解决劳资矛盾问题。

第三，企业内部建立的纠纷调处机制为区域劳动关系治理提供了新的空间。长期以来，地方治理劳资纠纷与冲突的方式是在现有法律框架的基础上构建的，缺乏较为系统的分类治理的理念作为支撑，无法形成更加灵活的劳动争议风险预警机制。地方政府的经验也只是从指标体系的角度，建立一套按照风险级别划分的预警系统，但对风险的预防必须从何种机制对应何种类型的问题入手，因此，区域劳动关系治理需要从地方政府的角度，一方面向企业提供经过提炼和总结好的经验框架，另一方面也加强当地企业之间的联系与互动，逐步形成企业之间分享经验的氛围。

第四，企业内部纠纷调处机制的建立促进区域内同类型的企业不断完善劳动关系管理体系。随着市场竞争的愈加激烈、经济环境的快速变化和政府政策的不断调整，企业的组织变革也显得更加快速。因此，处在不断变革中的企业有面临劳资纠纷的风险，如果不能及时通过有效的沟通手段进行解决，则容易造成劳资冲突的隐患，因此，预防隐患的机制必然要与企业现有的劳动关系管理体系不断融合。

第五，企业内部纠纷调处机制的建立在战略上是为了完善具有中国特色的区域和企业的协商、协调机制。坪山区推动企业内部建设纠纷调处机制，其核心目标之一就是贯彻党的十九大精神，完善具有中国特色的协商、协调机制，实现政府、企业、工会共同参与机制的构建、运行与不断更新，进而为具有中国特色的社会主义劳动关系治理之路添砖加瓦。

二、沟通机制的优势

沟通、对话是解决劳资矛盾的根本方式。无论是传统的集体谈判还是当下全世界都逐步引用的第三方劳动纠纷调解机制，其本质都是以劳资沟通作为基础逻辑，在形式和策略上不断推陈出新。坪山区的一些在劳动纠纷预防和解决工作中具有丰富经验的企业已经摸索出了较为适合本企业的纠纷解决机制，非常值得进一步挖掘、提炼并重新整合，为区域劳动关系治理提供更多的参考依据与现实基础。

坪山区经验的优势包括以下三个方面：其一，坪山区作为深圳市第二个省市共建劳动关系综合试验区，地方政府对此非常重视，投入大量的资金和资源支持和谐劳动关系机制的探索。其二，坪山区在企业劳动纠纷预防机制的经验是来自企业内部，特别是企业的人事管理部门，其总结出了一些策略。这些策略在坪山区政府的整理之下，形成了一些具有参考和借鉴意义的经验，并与更多同类型的企业分享。其三，坪山区引入了一批在劳动关系领域的知名专家、学者，为坪山的劳动纠纷预防体系的搭建贡献智慧。

三、经典案例

本节基于对坪山区 8 家典型企业的深度调查，从企业内部劳资关系面对的具体问题、如何预防与处理劳资纠纷以及保证这些机制运行有效的外部条件等几个方面进行分析，构建适应坪山区推进企业多元化劳资纠纷调处的基本规划，继而为坪山区在劳动关系治理实践中的创新提供理论和研究支撑。

案例一：OML 企业工会的作用

OML 企业的预防劳资纠纷机制中最为突出的是企业工会与劳动纠纷调解委员会的协作配合。企业工会在预防劳资纠纷中所采用的策略包含三个方面：其一，工会委员会成员主要以女性为主，这既符合该企业的要求，也是工会的优势。企业有 80% 的员工为女性工作者，更加了解女性员工的利益诉求和精神需求，在纠纷预防中发挥了重要的作用。总体来说，该企业的员工维权意识强，有时因为婚姻、家庭关系问题和住房、子女教育等经济负担问题而具有较大的心理负担，容易在工作场所产生冲突。工会中的女性工作者和通过选举产生的女性员工代表则对员工内心的想法非常了解，通过日常的非正式沟通、交流，更加容易产生共鸣。由此，女性工作者的加入使工会组织由“冷色调”转变为“暖色调”，发挥女性热心、感性、同理心等特质，对员工进行耐心引导并提供心理咨询服务，靠良好的组织氛围降低冲突发生的可能性。

其二，职代会是企业工会收集员工诉求的主要平台。职代会主要的作用是通过工会渠道，准确地把员工的个别诉求与绝大多数员工的共同诉求进行整合，从而为工资集体协商和企业落实员工诉求形成基础。

其三，工会的纠纷介入策略在预防劳资之间或员工之间的矛盾方面发挥了重要作用。当发生劳资纠纷时，工会的角色更像一个监督者，若工会发现企业存在违规行为，则依照法律、法规帮助员工争取利益；若企业不存在违规行为，则替员工争取柔性的处理方式。一方面，工会可以在处理纠纷的过程中帮助企业了解员工的真实诉求；另一方面，工会也可以同时发挥其代表性作用，维护员工合法利益，争取合理诉求，从而推动劳资利益平衡。

OML 企业的纠纷调处机制能够有效地运行，其核心因素在于企业能够建立工会，打造了解员工诉求的重要渠道和平台；企业的人事部门与工会之间在意见反馈、改善劳动关系和纠纷解决机制中能够建立较为良好和顺畅的合作关系，发挥劳资沟通和纠纷预防机制的有效性。OML 企业的纠纷调处机制包括员工诉求征集机制、员工意见反馈机制、改善劳动关系机制和纠纷解决机制，如表 4.1 所示。

表 4.1　OML 企业的纠纷调处机制

调处机制	员工诉求征集机制	员工意见反馈机制	改善劳动关系机制	纠纷解决机制
具体形式	职代会、内部信访、意见箱	信息发布	工资增长机制	纠纷调解委员会
参与部门	工会	工会、人事部门	工会、企业行政方	工会、人事部门
主要功能	收集员工的真实诉求，将员工的个别诉求转化为集体诉求	在与企业沟通之后，对员工进行诉求的结果反馈	实现员工与企业的共建、共享	预防劳资纠纷转化、升级，在萌芽状态解决

工会还设立了内部信访制度，工会每周安排一次值班，从晚上 6 点到晚上 8 点（方便工人下班后反映问题），如果收到工人的信息反馈，那么工会负责到相关责任部门协调解决问题。并且，工会与人事部门把每年的职代会、工会活动、重大活动事项等信息通过微信公众号、全公司抄送邮件及时传达给全体员工。

OML 企业为提升纠纷调解委员会的工作效率，在 2013 年开始招募有专业背景的劳资协调员，并在入职后要求其接受相关法律、法规的培训，并鼓励其去政府部门进行交流。

案例二：CT 厂的纠纷预防机制

同为日资企业的 CT 厂，人员规模比较大，在 2018 年已经有 4800 人。CT 厂在劳资纠纷预防的体系搭建上，分内部和外部两条主线。内部主线依靠意见箱、热线电话、邮箱，方便员工进行反馈，只要员工反馈，公司就会回复，并会公开张贴反馈结果。CT 的外部主线设置心理医生热线，方便员工在家庭、情感方面遇到问题时与心理医生进行沟通。车间里每个班次设置类似“知心姐姐”的角色。比如班组长巡线时，发现有员工情绪低落的，就会让“知心姐姐”来找这个员工谈心。此外，管理者还会要求各班组的老员工在生活和工作中关心新员工，为他们答疑解惑。CT 厂的日常沟通机制起到将员工在生活、工作中的诉求及时收集、反馈、处理的作用，避免企业内部劳资矛盾的积累。

工会是 CT 厂预防劳资纠纷的先进性组织。工会每个月都会与员工召开恳谈会，工会会邀请部分员工参加会议，并将需要工会提供帮助的员工也纳入参会人员的范畴，对问题进行协商，最后汇总员工的意见上报总经理，针对员工的诉求逐一反馈。

工会与人事部门也会针对某些议题进行沟通。第一，文件的修订需要与工会代表开会进行确认。第二，福利待遇的问题由工会和人事部门先行沟通。第三，员工之间出现较为激烈的矛盾，员工所在部门会先联系人事部门，人事部门告知工会，和工会探讨如何解决此类问题。

工会下设劳动站，对员工提出的较为突出的问题进行调解。工会委员以经验分享会的形式，定期向人事部门分享本月案例，工会和人事部门共同探讨如何处理问题。此外，当工会与人事部门意见不一致时，要遵循协商妥协原则，找出折中的方案。

工会每年与企业开展集体协商，并签订集体合同，特别是福利待遇的问题。关于企业预算的情况，企业要和工会商量，由工会征求员工的意见，最后选择折中的方法向公司汇报，由公司整体把握，批准实施。

案例三：GX公司的沟通机制

GX公司在劳资纠纷的调处方面主要依靠日常沟通和在劳动纠纷出现时的沟通。日常沟通机制建设包括组建膳食委员会、住宿委员会等，工会从各部门征选代表来开展日常会议，反馈员工的意见和建议，能够改善的地方，工会尽可能予以改善。

GX公司在解决劳资纠纷的过程中，人力资源部门的管理者扮演了关键角色。员工经常提出的一些所谓的“合法诉求”，人力资源部门的管理者通过培训的方式对员工进行解释，引导员工正确理解。绝大多数员工的维权意识比较强，但是在不能完全明白相关法律、法规的情况下容易断章取义，而目前网络上的法律咨询多数存在错误，容易误导员工。因此要对新员工进行法律方面的培训，找专业人员来进行细致讲解，加强正确引导。

活用熟人关系网络是预防劳资纠纷转化升级的重要手段。在与员工沟通的过程中。针对有不满情绪的员工，人力资源部门可以寻找其在企业内部关系密切的同事、介绍人等，多方问询问题发生的原因。在与员工沟通的过程中，根据员工的性格特点找对应的人来解决问题，员工熟悉的人说话更有分量（讲话加分），不熟悉的人说话可能会起反作用（讲话减分）。同时尝试搭建熟人网络，工会干部要时常到工厂里和员工交流（打个招呼，混个脸熟），倾听各部门的声音，即使诉求实现不了也要进行解释说明，方便以后处理问题。

在调解纠纷中，调解员要有同理心，对可能发生的劳资冲突，人力资源部门主张以调解为主，调解员要了解员工的诉求并代为反馈，安抚员工回到工作岗位，大事化小，慢慢解决问题。人力资源部门提出，处理劳资纠纷不能只利用制度手段，越用制度越僵化，应让调解员切实具备同理心。

在处理具体问题时，企业工会与员工进行沟通，将职工的诉求以书面形式呈现，并要求职工签字，之后由工会与公司高层沟通，形成结果，并告知员工大致的处理时限，一般 3 个月到 4 个月是处理落实的期限。同时企业对员工进行鼓励、疏导、赞扬，强调以共同解决问题为目标，引导员工回到工作岗位。当然，在和员工交流的过程中，管理者不能用刺激性、侮辱性的言语，要在尊重、理解他们的前提下慢慢讲道理。采用这种富于同理心的调解方式，能够有效预防冲突爆发。

案例四：WHWJ 企业的福利、激励与纠纷调解

WHWJ 企业非常重视内部福利制度的建设，并通过企业的微信群了解一线工人的诉求，改善员工福利待遇。例如，企业了解员工在生产车间内饮水不便的问题后，为员工在车间内配备了高品质的饮水机，方便员工饮水。企业还投入大量资金装修食堂，让用餐环境焕然一新。在宿舍方面，企业专设“夫妻房”，供已婚夫妻居住，并可以携带家属居住，如父母可以和孩子一起入住。企业还投资 500 万元用于装修宿舍，提升员工整体的住宿水平。

在医疗、养老和子女教育问题上，企业建立了专项基金，

每年注资，专门支付特困员工的医疗费，对患病的员工，企业还会发放慰问金。除了政府提供的养老补贴，公司还发放一次性养老补贴，根据工龄从 5000 元到 5.5 万元不等。员工子女上学的，且成绩优异的，小学生奖励 500 元，初中生奖励 2000 元，高中生奖励 3000 元。

企业的福利政策让员工深刻地感受到企业对员工及其家庭的关心与尊重，增强了员工对企业的认同感。WHWJ 企业提供给员工的各项福利都要高于其他同类型企业，其人性化的管理方式也更为员工所认可。而另一项能够留住员工的方式就是企业不断推出激励机制，对工作效率高的员工提供高于市场平均水平的计件工资，并且鼓励员工能够考取一些资格证，从而提升人力资本的储备。对提出了合理化建议并帮助企业节省成本的员工，企业也会给予高额的奖励金。

就沟通机制的建设来说，企业设立了劳动纠纷调解委员会，并配有 9 名具备资质的劳动关系协调师，另外，在生产一线配有 11 名统计员，保证了员工的日常诉求可以通过统计员反映给调解委员会，调解委员会与相关部门沟通后给予员工反馈。例如，调岗是员工较为关心的问题，企业收到诉求之后，会安排有特殊要求的员工到新的岗位，但是待遇不会有变化。而劳动关系协调员则在管理者与员工之间产生矛盾后及时介入进行调解，化解矛盾。

案例五：ZL 公司推进以员工代表制带动的沟通机制

ZL 公司虽然未建立工会，但是在人力资源部门的倡导下，建立了员工代表制，收集员工的诉求，既实现了企业内部的民主集中制，又达到了企业平衡劳资利益的目标。员工代表的选举按照人员比例通过各车间、部门投票进行，让更多的员工能够参与这项机制，提升员工的沟通能力，培养其通过对话解决问题的意识。选举员工代表的标准包括：一线或基层员工、在车间内有一定公信力、可以公平公正地反馈相关信息。根据经验，通常选举出来的员工代表都是老员工和有家庭的员工，这类员工对企业的基本状况较为了解，相对比较理性，在员工中有一定的威望，从资质上能够胜任这样的工作。

员工代表制的建立形成了企业与员工沟通机制的基础。通过日常员工代表与员工进行沟通，了解其诉求、心理变化和态度，企业能够在很大程度上将这些信息所隐藏的劳资纠纷的隐患挖掘出来。随着这一机制顺畅运行，企业也形成了一些行之有效的沟通机制，如表 4.2 所示。

其一，信息上传下达。每个部门或车间设立信息员，300 人规模的车间安排 7 到 8 人，100 人规模的车间安排 1 到 2 人，他们负责接收公司的最新消息、福利信息、规章制度，传达给分管人员，并负责宣传讲解。信息员的工作与员工代表略有重合，功能上互相补充，定期收集信息（主要还是员工们的诉求和意见），尽可能关注所有员工的诉求，通过班组长、员工代表、综合管理员以字条、微信等方式收集员工们的诉求，通过这种方式增强员工队伍的稳定性，以确保产品品质和生产效率。

其二，意见反馈。员工可以通过早会反馈意见，或是将意见反馈到车间负责人，由车间负责人直接传达到人事部门（对一些小的问题，班组长有调解权，不必上报）。公司内部建立综合管理员群和信息员群，推进事项的综合管理、跟进处理及落实，并定期以公文、通报的形式公开反馈事项。通报事项事无巨细（员工就餐吃出虫子的事情也要通报），处理意见等也都要通报。

其三，面对面沟通。每月安排高管人员参加与员工的午餐会，管理人员与员工一起吃饭，每位员工要提出问题，管理人员现场解答。

从效果上来看，这一机制使劳动关系在多方面获得了改善。其一，工时制度改善：公司不主张过度加班，倡导在收入不减少的前提下，缩短工作时间（如电器事业部强制缩短工时，收入不减少），提升工作效率。其二，工作条件改善：通过沟通，员工提出大量工艺整改的意见，对人体有损害的工序通过机器操作，车间工人负责操作机器，培养大多数员工逐步成为技术员。其三，生活条件改善：员工宿舍虽然是4到6人一间，但公司在宿舍内安装空调、热水器、无线网络等。其四，工资调整：公司每年都要调整工资，采用底薪+加班费的工资结构，设立各种激励制度，提高效率。其五，奖励制度：对满勤、服从安排的人员给予不同程度的补贴；公司组织“合理化建议”的活动，在节能、创新等方面提出合理建议的员工都有奖金；对能在物料清单上找出实物与标注不一致等错误的员工，也会给予奖励。公司还强调尊重员工，企业从高层到基层的管理者都要尊重、信任员工，比如，班组长要在 3 天内记住下属 10 个员工的名字。

表 4.2　ZL 公司劳资纠纷预防机制

企业内部员工代表制			
机制	信息上传下达	意见反馈	面对面沟通
功能	在企业与员工之间实现顺畅的信息流通	对员工进行及时、有效的意见反馈	以午餐会的形式实现更加紧密的交流
效果	及时掌握员工的诉求及对企业变革的态度与意见	避免因无反馈而导致员工的不满	加强高管对员工诉求更加直接、及时地了解，增强沟通的效率

案例六：FY 厂的两级预防机制

FY 厂虽然是一家港资企业，但其内部管理人员的构成则是多国背景，多来自美国、菲律宾和日本。尽管 FY 厂的管理风格会受多元文化的影响，但是其劳动关系的管理总体上还是依靠中方人员为主的部门主管和人力资源部门，形成了两级劳资纠纷预防机制。部门主管具备一定的沟通能力，部门主管遇到无法处理的问题时，则转交给人力资源部门进行处理。

大部分新入职员工的不满主要是因为缺乏存在感，特别是“90 后”员工对存在感的要求非常高，对福利待遇的问题非常关注。因此，通过部门主管和人力资源部门的努力，员工的工作环境、生活条件都在不断地完善。

人力资源部门会帮助员工协调调岗问题，但其面临最棘手的问题则是员工离职，有一些老员工为了获得补偿金和失业金，在退休前故意怠工或有其他一些违反规章制度的行为，倒逼企业解雇。人力资源部门面对这样的问题时，只能通过以不断完善规章制度的方式预防因离职而引发劳动纠纷的出现。因此，人力资源部门认为应该进一步提升基层管理者的素质能力。一方面，人力资源部门鼓励基层管理者考取劳动关系协调师的资质，进行新的赋能；另一方面，鼓励基层管理者利用每天早会的时间征求员工的意见，上报人力资源部门，并进行解决和反馈。基层管理者解决问题的时候，一定要把握员工的法、理、情的诉求逻辑，通过解释、沟通和心理疏导来处理企业内部员工的诉求。

案例七：坚持面对面沟通——LZKJ 企业预防劳资纠纷的机制

LZKJ 企业在预防劳资纠纷方面也设置了多样化的形式：其一，意见箱（在厂区不同地点固定意见箱）、投诉邮箱（只有公司最高领导才能看到，并会对投诉人的身份进行保密）。其二，企业安排每月一次的定期员工访谈，随机从各个部门选取被访谈的员工，一次 5 到 10 人，并安排单独的会议室进行访谈，所有部门在 2 到 3 个月内轮一次。无论员工提出的意见是正面的还是负面的，人力资源管理者首先会认真听，现场做访谈记录，对有道理的意见接纳并反馈。针对员工的投诉，人力资源部门也会认真核实，如果是恶意的人身攻击，人力资源部门会对其进行思想教育。

关于上下级之间的矛盾，一般采用第三方介入调解的方式。例如，管理者与员工在生产流程上有意见分歧的，交由部门主管处理，处理不了的就会由人力资源部门进行处理。例如，有些员工对加班过多表示不满，也有员工对加班过少表示不满。员工可能认为主管人员针对他，这不排除有员工很难沟通的情况，但是大部分问题还是在于基层干部处理问题时缺乏耐心，没有真正把情况解释清楚，容易出现矛盾。在调岗的时候，也会引发类似的问题，因此这些情况必须由人力资源部门出面，进行调查分析，一方面厘清信息不对称或员工理解偏差的问题；另一方面则是安抚双方情绪，让管理者尽量理解员工，增强通过耐心沟通、对话解决问题的意识。

在劳动纠纷进入仲裁程序前，企业通过内部调解或是为员工安排法律咨询，纠正其错误认识后再解决问题。

人力资源部门提出，沟通是最好的预防劳资纠纷的方式。面对面沟通才能真正解决问题、真正能够对个案进行剖析。员工也能够直观感受到企业确实重视他们的诉求。在日常生活中，管理者要多了解基层员工的需求，加强与新员工的沟通。

案例八：WXYY 公司的层级化协调机制

WXYY 公司的福利待遇水平很高，其预防劳资纠纷的方法主要采用层级化协调机制。一般来说，员工可以将诉求向直属上级领导口头汇报，如果其没办法落实解决，再向副总汇报，之后向总经理汇报，再处理不了的就向集团汇报，特殊情况下，才使用邮件进行传递。这样逐级审批的制度优势与劣势并存。劣势在于问题的解决需要经过比较长的周期才能处理完。优势在于问题的解决可以以上级领导能够接受的方式呈现出来，更容易得到重视和理解，所以要保障信息的传导既反映真实诉求，又能得到切实的解决。逐级反馈的机制处理的都是有关员工的核心利益问题，如薪酬、福利待遇、保险、工时和加班等。

另外，资源部门每个月会从各个部门选取一个员工代表进行面谈，了解员工的诉求。管理层每年也向员工发放调查问卷，征集员工最关心的问题，在对企业的各类建议统计分析后，由人力资源部门把调查结果中员工关注比较多的内容向全体员工公布。

四、典型企业纠纷预防经验的类型、运行机制与实现条件

通过对 8 个经典案例的梳理，发现各企业内部已经形成不同风格、多样化发展的劳资纠纷预防机制，并且发挥了劳动纠纷调处的作用。本部分将通过分析 8 家企业的经验，挖掘具有共性的纠纷预防机制，并从可行性的角度阐述其可实现的条件。

日资制造业企业通过工会进行劳资纠纷预防，其他类型的机制大都围绕工会的核心作用来进行建设。工会作用的有效发挥并不是工会独立运作的结果，而是工会与企业人事部门之间形成了良好的互动关系。工会的工作重点是能够更好地收集员工的诉求、搭建劳资之间沟通的渠道，监督企业落实和解决员工提出的问题。人事部门更多地负责与工会配合搭建沟通平台，拓展劳资沟通的渠道，并向企业高层管理者建言协调劳资关系。

港资制造业企业建立的企业劳资纠纷预防机制仍旧依托人力资源部门和劳资争议调解委员会将劳资纠纷化解在萌芽状态。从微观机制上来说，港资企业的纠纷解决方式体现了中国特色，例如，利用熟人关系来缓解劳资之间的矛盾，通过不断沟通来了解员工真正的诉求等。特别值得一提的是，港资企业特别强调从事劳资纠纷调解工作人员的专业化素养能力。因此，对企业内部协调员的培训成为公司重要的赋能机制。

民营企业分为传统制造业和高科技企业。对传统制造业来说，尽管有些企业尚未建立工会，但是可以以设立员工代表或基层管理者的方式作为替代。员工代表或基层管理者的职能非常重要，一方面要准确地将员工的普遍诉求传达给企业，并将企业的反馈及时、准确地传达给员工；另一方面是提升新生代员工的沟通意识与沟通能力。民营企业更强调面对面沟通的重要性，能更直接了解员工的想法和诉求的变化。另外，劳资争议调解委员会仍是解决劳资矛盾的重要机制。

民营高科技企业的人力资源部门承担了更多在劳资纠纷调处方面的工作。在民营高科技企业中，知识分子比较多，新生代员工所占比例也越来越大。心理关怀、员工代表例会都是企业注重的协调劳资关系的方法。心理关怀主要是关心员工的心理健康，在一定程度上缓解了员工因工作压力而产生的负面情绪。员工代表例会是企业收集员工诉求的渠道，对员工的诉求及时反馈，妥善解决。

不同类型的企业劳资纠纷预防机制的构建各有不同，但仍

表 4.3　不同类型企业的纠纷调处机制的比较

企业类型	日资制造业企业	港资制造业企业	民营传统制造业企业	民营高科技企业
核心机制	工会	调解人员赋能，熟人沟通策略	员工代表制 面对面沟通制	员工代表例会 劳资工作坊
辅助机制	各种福利制度、日常信息收集、反馈制度心理咨询	各种福利、激励制度，劳资争议调解委员会	日常沟通机制 劳资争议调解委员会	劳资争议调解委员会 心理咨询
主要功能	工会与人事部门相互配合，倾听员工诉求，与企业行政方有效沟通，对员工的合理诉求进行反馈	培养解决劳资纠纷的专业团队和运行机制	形成企业基层预防劳资纠纷的机制	形成劳资双方通过沟通解决矛盾的习惯和氛围
达成效果	通过满足员工诉求，让员工形成由企业工会来解决问题的习惯	及时发现纠纷苗头，快速解决纠纷	收集员工诉求信息进行反馈，并预防纠纷发生	收集员工诉求，及时反馈，并对潜在的纠纷进行协调
突破难点	日常管理变动	退休老员工的离职问题新生代员工的沟通、调岗、离职问题	基层管理者、员工代表提升协调能力，新生代员工离职问题	员工的离职问题

有一些共性，这些共性体现在以下五个方面：

其一，企业要建设多样化的劳资纠纷预防机制，其基本逻辑就是信息，并设置一系列能够发挥收集员工诉求、捕捉员工心理动态的机制。企业还需要建立人力资源部门、工会，选举员工代表与企业不同层级的管理人员就员工诉求及提出的问题进行沟通，确认解决问题的方案。并及时向员工进行反馈，落实诉求。企业需要定期对员工提出的诉求、问题进行反思，从而预防企业潜在的劳资争议。

其二，建立劳资争议调解委员会。建立劳资争议调解委员会是预防企业劳资争议爆发的最后一道防线。坪山区培训的劳动关系协调员都是企业劳资争议调解委员会的成员。一旦有企业发生劳资纠纷，劳动关系协调员则及时介入，通过有效的沟通，缓解劳资双方的紧张关系，化解冲突。

其三，新生代员工问题。新生代员工是企业劳动关系管理的新挑战。由于新生代员工有更多的利益诉求、精神需求、个性需求，所以企业不能以传统的管理方式来对待新生代员工。企业如果在劳资沟通方面不能实施有效的措施，势必导致更多的争议发生，也很难留住人才。因此，新生代员工在劳资纠纷调处机制的建设过程中应该得到重视。

其四，基层管理者与员工代表。企业的人力资源管理者强调，很多劳资纠纷的产生源于基层管理者与普通员工之间沟通不到位，相互不理解而产生的小矛盾，如果不能及时解决，很容易导致积怨加深，最终使劳资关系紧张。所以，企业十分重视基层管理者与员工的沟通能力，加强培训，提升综合素质。

其五，从基本诉求到核心诉求。企业把员工的诉求分为基本诉求与核心诉求。基本诉求集中在吃、住、行、娱乐等与日常工作、生活相关的需求；而核心诉求则涉及工资、福利待遇、工时、岗位、劳动合同等相关的需求。

五、企业劳资纠纷调处机制的基本思路

（一）企业层面机制的建设规划

在企业层面构建劳资纠纷调处机制要从三个方面进行，如表 4.4 所示。

其一，从机制功能的角度来看，要构建兼顾劳资沟通、纠纷预警与纠纷调解和保障的机制体系。

其二，从机制类型的角度来看，要构建兼顾解决日常一般性问题、核心制度性问题与特殊重大问题的纠纷预防机制。特别要说明的是，特殊重大问题包含了有可能出现的集体性劳资纠纷，解决这类问题要以企业的劳资沟通协商的氛围为基础，迅速启动分类化或集体化的劳资对话机制，密切与地方政府、地方工会、第三方社会力量保持联系，确保劳资纠纷不转化、不升级。

其三，从不同类型企业的角度来看，要构建兼顾一般性劳资纠纷调处机制的建设和适应本企业的纠纷调处机制的建设。特别是对于后者，需要注意一个重要的规律，劳资纠纷机制建设需要得到企业高层的支持，这就要求劳资纠纷机制必须与本企业的管理传统和制度体系有效对接。

表 4.4　企业层面的纠纷调解机制建设规划表

机制类型	日常一般性问题	核心制度性问题	特殊重大问题
诉求与问题	吃、住、行、工作环境、娱乐生活、工作压力、上下级关系、管理者态度、存在感、尊重感	工资调整、福利、保险、激励机制、绩效评估机制、工时、工作强度、岗位调整、劳动合同、入职、离职	关、停、并、转、迁、减产、放假、裁员、企业规章制度调整
沟通机制	意见箱、微信群、劳资恳谈会、工会见面会、生日会、伙食委员会、宿舍委员会、基层例会等	员工代表制、定期面对面沟通机制、总经理见面会	集体协商、第三方风险评估机制、分类沟通机制
预警机制	心理咨询机制、诉求反馈机制	员工代表大会（复盘）、劳资工作坊（复盘）	职工代表大会、员工代表大会、第三方介入调解机制
调解机制	无	劳资争议调解委员会	劳资争议调解委员会
保障机制	基层管理者、员工代表沟通能力提升	企业劳动关系协调员赋能计划、劳动关系培训机制	企业劳动关系协调员赋能计划、劳动关系培训机制
对接部门	基层管理者、人力资源部门、工会	部门管理者、人力资源部门、工会	企业高管、人力资源部门、工会

（二）多元化纠纷调处机制的实现条件

企业内部纠纷调解机制的构建必然是多元化的结构，要将多元化的机制逐步建立并落实并不是一件容易的事情。这需要企业人力资源部门或人事管理部门对机制的建设做好周详的计划并推动其成为长效运行的制度。

企业推动多元化纠纷调处机制的建设需要以适应本企业的管理文化为切入点，让企业管理行政方意识到沟通机制建设的重要性，并给予认可。要制定机制建设的步骤，需要从试验阶段过渡到常规化运行阶段，在其成熟运行之后，纳入企业规章制度，实现长效运行。并对参与机制建设和运行的关键个人与团队进行赋能，还要争取政府的支持并形成劳资沟通、对话解决问题的氛围，如表 4.5 所示。

（三）多元化纠纷调处机制的体系化发展

本部分不仅从企业的层面提供纠纷调处机制建设的相关策略、建议，也从地方政府如何推动更多企业建立有中国特色的劳资纠纷调处机制层面提出以下建议，以供参考。

1. 多元化纠纷调处机制的“师徒制”建设与区域氛围

首先，从坪山区的经验来看，政府利用坪山区的劳动关系促进会与企业建立紧密联系的优势，组织与企业的沙龙活动，一方面企业可以相互交流、分享经验，另一方面形成纠纷调处和劳动关系管理领域的平台。

其次，由区人力资源局和劳动关系促进会确定在行业规

表 4.5　不同类型企业构建劳资纠纷调处机制的路径

企业类型	日资企业	港资企业	台资企业	民营企业	欧美资企业（补充）
切入点	依据相关政策，尝试性实践工会与员工沟通机制，实现对员工诉求和企业生产效率的双重改善。	以基层管理者（班组长）培训为切入点，提升其与员工沟通的能力，尝试收集员工诉求。	在各部门选举员工代表，收集员工的诉求，并对诉求作出及时的反馈。	尝试性选举员工代表，同步培训基层管理者，形成对员工诉求与意见的收集与反馈。	尝试性以企业人力资源管理的逻辑方式，构建与员工沟通、与企业行政方沟通的机制（如 PDCA）。
机制运行	逐步建立工会与员工长期沟通、纠纷预防的各项机制，从基本诉求到核心诉求，逐步运行。特别注意要体现覆盖绝大多数员工的集体性诉求。并建立定期复盘的机制。	逐步建立基层沟通、纠纷预防的各项机制，并激活企业劳资争议调解委员会的职能，建立定期复盘的机制。	逐步建立员工代表沟通、纠纷预防的各项机制，并激活企业劳资争议调解委员会的职能，建立定期复盘的机制。	逐步建立员工代表与基层管理者双路径的各种沟通机制、纠纷预防机制，激活企业劳资争议调解委员会的职能，建立定期复盘的机制。	逐步建立员工代表与基层管理者双路径的各种沟通机制、纠纷预防机制，激活企业劳资争议调解委员会的职能，建立定期复盘的机制。

续表

企业类型	日资企业	港资企业	台资企业	民营企业	欧美资企业（补充）
制度化	将实现核心诉求的机制通过集体协商或者工会纳入企业规章制度。对于暂时无法纳入规章制度的机制，可以让企业工会先建立制度。	同日资企业（制度化难度较大）。	同日资企业（制度化难度较大）。	同日资企业	同日资企业
外部支持	邀请政府、地方工会领导来企业进行调研，让企业高层知道当地政府与工会的支持与肯定；与本地区同行业企业建立联系，在劳资沟通、争议预防方面相互学习。	与政府相关部门沟通，汇报纠纷调处机制的运行效果，与本地区同行业企业建立联系、分享经验、相互学习。	与政府相关部门沟通，汇报纠纷调处机制的运行效果，与本地区同行业企业建立联系、分享经验、相互学习。	与政府相关部门沟通，汇报纠纷调处机制的运行效果，与本地区同行业企业建立联系、分享经验、相互学习。	邀请政府、地方工会领导来企业对沟通机制进行调研，争取好评，并让企业高层知道领导的支持与肯定；与本地区同行业企业建立联系，在劳资沟通、争议预防方面相互分享、学习。

模、投资国别、管理风格等方面较为匹配的，且在劳动关系管理方面具有一定基础的企业作为潜在培育对象。培育对象确定之后，由劳动关系促进会与企业形成基本的工作机制，确定劳资纠纷调处机制建设的“师徒制”工作程序、实现目标、评估机制、激励机制。推动具有先进经验的企业带动新的企业进行机制建设。

最后，在机制搭建工作初具规模的阶段，组织20家企业一起进行复盘研讨。对“师傅”企业的经验、“徒弟”企业经验进行分析和分享。进一步完善后进企业的纠纷调处机制建设。要求后进企业能够对阶段性成果进行总结并反思，制订未来的发展计划。另外，政府可以在一些企业取得成绩之后，组织更多的同行业或同投资国别的企业去这些企业进行观摩，开展互比、互看活动，既能帮助企业宣传，又能扩大劳资纠纷调处机制建设效果的影响力。

2. 外部赋能计划

政府为企业搭建相互交流的平台，培育企业相互分享、学习的氛围，还联合劳动关系促进会在劳动法律、机制构建、机制运行、机制监督等方面对企业进行培训。一系列培训课程对企业管理者、基层管理者、工会委员以及员工代表进行外部赋能，减少企业探索积累经验的成本，提升企业在机制建设方面的效率。此外，为了让赋能计划的效果更为明显，政府还可以定期发布一些有关企业劳资纠纷调处的小型项目，结合纠纷调处机制建设的“师徒制”方式，作为激励企业人力资源部门、企业工会的重要措施。

3. 多元化纠纷调处机制的评估方式

项目的监督和评估工作可以委托劳动关系促进会承担。基本的评估指标可以考虑从企业投入的人员、经费、机制的实施步骤、机制是否已经制度化，沟通的次数、沟通的内容、沟通的效果、反馈的效果、复盘的内容、复盘的效果、企业内部劳资矛盾减少的比例、员工满意度变化、员工对基层管理者态度的变化、企业管理层的反馈等多维度进行评估。

（四）多元化纠纷调处机制建设的重点问题

1. 主体赋能

主体赋能的工作既需要政府对企业的相关人员进行培训，也需要企业内部进行自主的培训工作。培训的对象分为企业的人力资源管理人员和企业工会干部。培训的内容主要是如何搭建劳资沟通平台、如何建立纠纷预警的机制、如何激活劳资争议调解委员会等。针对企业各部门负责人的培训内容主要是各部门对潜在劳资纠纷问题的识别能力、法律标准与尺度、处理问题的策略等。针对企业基层管理人员和员工代表的培训内容主要是在一线解决问题的能力、沟通协调的能力和甄别问题与风险的能力。

2. 定位监督

对第一批目标企业来说，是否能够有步骤地形成劳资纠纷调处机制，则需要政府进行监督，给予指导和支持。

3. 机制体系化建设

政府一定要督促企业不断优化各项纠纷调处机制。并注意以下几个问题：其一，试行的策略应该上升为能够长期运行的机制，将目标定位在制度建设上。其二，不同类型的机制在运行一定阶段后，对其进行复盘反思，对某一类机制对应解决的某一类问题或诉求，以及承担主要工作的部门和人员有着非常清晰的界定。即便不同机制之间的功能有交叉、重合，也要厘清到底是互补关系，还是排斥关系。若出现排斥关系，则需要调整。其三，多元化机制的建设需要具备战略眼光，紧密结合企业的管理传统、管理制度与管理文化，对纠纷调处机制的发展具有重要的支持作用。

4. 迭代发展路径

政府需要推动企业在实现员工诉求，解决员工提出的问题的同时，也要考虑企业生产效率的提升，通过员工代表和基层管理者广泛吸纳员工对企业管理和生产改善的意见，并进行整合。例如，可以考虑举办坪山区企业金牌团队建设，激励企业在参与建设纠纷调处机制的同时，实现劳资共赢的效果。

企业要逐步建立管理者与员工共同参与的类似工作坊或沟通会的活动，进而对机制运行中出现的问题进行反思，并培育劳资双方沟通、对话解决问题的意识和氛围。只有这样才能有利于纠纷调处机制在企业中不断地迭代发展。

第二节　政府治理劳动关系的“八七模式”

一、“八七模式”的创设背景

政府推动企业内部建设预防纠纷机制，并调动本区域的优势，形成网格化的治理模式，例如中山市火炬开发区的案例。

中山市火炬开发区自获批建设省市共建综合试验区以来，依托本区在劳动关系治理方面的资源禀赋和已经形成的机制雏形，根据本区企业劳动关系的具体状况，对八大集团公司和社区的七个劳动保障站在劳动关系治理方面的功能进行规范化、精准化与长效化的完善工作。这一治理模式的内在逻辑是八大集团公司与七大社区劳动保障站是政府对劳动关系治理的重要延伸。八大集团公司与七大社区劳动保障站成为企业与政府之间就劳动关系问题的缓冲地带，减轻了政府在治理工作中的压力，帮助企业减轻了劳动用工与劳动关系管理方面的风险。我们将这种模式称为劳动关系治理的“八七模式”。

（一）建立“八七模式”的基础

建立“八七模式”的基础是八大集团公司与七大社区劳动保障站。八大集团公司是指健康基地公司、中炬高新公司、火炬集团公司、张企集团公司、工业开发公司、工业联合公司、建发公司、临海公司。他们的传统功能主要是负责为火炬开发区的本土企业和在本区投资的企业提供较为完善的招商引资配套服务，解决企业在工厂建设、员工宿舍、基础设施、能源消耗、税务缴纳、生产安全、环境保护、劳动用工、人才需求等方面的问题，为企业提供一站式的服务。

随着辖区内的企业不断增多，企业的劳动用工、劳动关系管理问题逐步成为企业非常关注的问题，随着政府对劳动争议预防的重视，八大集团公司在原有对企业生产安全负责巡逻的基础上，将解决劳动问题的功能加入任务中。另外，八大集团公司中负责生产安全的部门也提升了针对处理劳动争议的能力。但是，由于不同行业面对的劳动关系问题的侧重点不同，八大集团公司的劳动争议调解功能和巡查功能在执行程度、频率和关注点上也各有不同。

七大社区劳动保障站的工作规范程度相对较高，这主要是因为在七大社区劳动保障站里承担劳动关系相关工作的人员是区人力资源局直接指派的，所以，其日常巡查、为企业提供咨询、对部分劳动争议的调解、对企业招聘人才提供的服务都已经进入了常规化运作的阶段。七大社区劳动保障站面对的企业主要以小微企业为主，小微企业的劳动关系规范性差，用工方式多样化，且劳动争议风险较为集中，所以，七大社区劳动保障站的工作也主要围绕小微企业进行推进。

八大集团公司和七大社区劳动保障站在劳动关系治理的工作中还缺乏整合性，系统运行不足。所以，考虑到“八七模式”在火炬开发区的基础和资源禀赋，课题组认为有必要针对“八七模式”的雏形，通过制度化、整合性和专业化三个维度对“八七模式”进一步完善，使之能够成为构建劳动关系的公共服务产品，进而为构建区域和企业和谐劳动关系提供新的发展方向与运行平台。

（二）实现“八七模式”的顶层设计

“八七模式”之所以能够得到发展的机会，与人社部、广东省人社厅、中山市人社局、火炬开发区管委会等各级领导的关怀和指导密不可分。

广东省人社厅对将中山火炬开发区定位为省市共建和谐劳动关系综合试验区进行了非常细致的指导，关注整体综合试验区项目的确立，总体计划的安排等，并召开了专门的座谈会，对该项目提出了非常专业且符合实际的意见与建议。

广东省人社厅劳动关系司司长、中山市人社局领导、火炬开发区管委会领导也在启动会上对本项目给予了充分肯定，并多次对“八七模式”的完善提出了重要的指示和意见。2018年“八七模式”的制度化、整合性与专业性方面取得的成绩与各级领导提供的指导和火炬开发区管委会提供的各种资源密不可分。

二、“八七模式”的功能定位

火炬开发区发展并完善“八七模式”的重要前提之一就是确定八大集团公司和七大社区劳动保障站在治理中的功能定位。只有明确功能定位，整体的制度设计、工作执行与效果评估才可以最大限度地与八大集团公司和七大社区劳动保障站的具体工作进行对接。

（一）八大集团公司的功能定位

八大集团公司的核心功能包括三个方面：火炬开发区劳动关系治理功能的前端组织；执行火炬开发区劳动关系风险的预防机制；为辖区企业提供和劳动关系相关的服务。因此，八大集团公司的功能定位就应该紧密围绕这三个方面，并且这三个方面也是制定八大集团公司劳动关系治理相关政策的重要参考依据，如表 4.6 所示。

表 4.6　八大集团公司劳动关系治理功能定位

核心功能	具体功能
前端组织	建立专门的兼顾劳动关系治理与服务的部门
	培养专人或兼职队伍
	建立评估机制
劳动关系风险预防	日常巡查、监察
	企业劳动关系问题的咨询
	企业劳资纠纷的调解
劳动关系的相关服务	劳动法律政策的宣传与解读
	人才招聘、培训与就业信息
	劳动保险管理

八大集团公司的核心功能在以上三个方面得到了较为明确的定位。这为八大集团公司进一步推动制度化建设、长效机制的运行提供了坚实的基础。但是，另一个需要明确的问题就是八大集团公司的功能与其他已有的劳动关系治理机制之间的关系。这有助于避免八大集团公司在劳动关系治理方面的功能与

现有的治理功能重合。

概括来说，八大集团公司的劳动关系治理的前端机制对政府原有的仲裁调解、劳动监察功能形成了有力的补充。八大集团公司建立的专门针对企业劳动关系风险的巡查、调解功能，能以一种柔性的方式解除辖区内企业的劳动争议风险，而其服务功能更能直接且更加精准地为企业提供服务。这样一方面减轻了政府在处理具体劳动关系问题中的压力，另一方面则能够替代政府向辖区企业提供更加精准的服务，而政府的职能部门可以将工作重点放在制定相关的政策上，进而能够促进八大集团公司提高对企业的服务质量。

通过调研发现，八大集团公司在劳动争议调解和劳动关系服务方面并不具备高度的专业性，因此，八大集团公司应该对组建劳动关系事务的团队进行赋能，进行相关知识和劳动关系技能的培训，或者在必要的时候引入第三方机构，向企业提供更加精准的服务。尤为重要的是，八大集团公司要具备源头治理的思维方式，协助政府推动企业内部建立独立自主的劳资沟通机制，以便将劳动争议的风险化解在企业内部，进而推动职工与企业双方逐步营造以沟通方式解决问题和分歧的氛围。

（二）七大社区劳动保障站的功能定位

七大社区劳动保障站的核心功能与八大集团公司的相同：火炬开发区劳动关系治理功能的前端组织；执行火炬开发区劳动关系风险的预防机制；为辖区企业提供和劳动关系相关的服务。因此，七大社区劳动保障站的功能定位也应该紧密围绕这三个方面来实现其工作效果，并且这三个方面也是制定七大社区劳动保障站劳动关系治理相关政策的重要参考依据，如表4.7所示。

表4.7 七大社区劳动保障站的劳动关系治理功能定位

核心功能	具体功能
前端组织	完善劳动保障站的组织机构建设
	培养专人或兼职队伍
	建立评估机制
劳动关系风险预防	日常巡查、监察
	企业劳动关系问题的咨询
	企业劳资纠纷的调解
劳动关系的相关服务	劳动法律政策的宣传与解读
	人才招聘、培训与就业信息
	劳动保险管理

七大社区劳动保障站要实现的功能与八大集团公司原则上并无太大的区别。其不同之处主要体现在两个方面：其一，七大社区劳动保障站管理劳动关系工作的实际负责人是区人社局派驻社区政府的专职人员，其专业素质和水平都具有一定的保证，而且对当地企业较为了解，保持着一定的密切联系，因此，在进一步完善工作方面更能提质增效。其二，七大社区劳动保障站以小微企业为主，用工方式更加灵活、多样。

七大社区劳动保障站的功能是火炬开发区人社局在治理劳动关系方面的延伸，但是保障站的主要工作人员隶属人社局，因此，在处理劳动监察、劳动争议调解和劳动关系相关服务工作时既要服从人社局的统一领导，又要与人社局保持密切的互动和沟通。另外，对小微企业劳动关系管理规范性的问题，需要及时引入专业性的社会力量提供服务。例如，推动和谐劳动关系促进会在小微企业的规章制度完善和劳动关系的托管方面探索新的工作机制。

三、“八七模式”的制度化运作

（一）八大集团公司的制度化运作

首先，八大集团公司的制度以贯彻落实《省市共建中山火炬开发区和谐劳动关系综合试验区工作方案》（以下简称《方案》）为基础，该《方案》将作为八大集团公司在省市共建中山火炬开发区和谐劳动关系综合试验区工作中的原则、内容、方法和指南。

其次，八大集团公司的工作目标包含以下几个方面：第一，八大集团公司作为火炬开发区在和谐劳动关系构建工作中最具特色的前端治理机制的执行者，应发挥政企关系中承上启下的作用。第二，八大集团公司应成为下属企业劳动保障政策解读服务的提供者，企业建立协商沟通机制、预防劳动争议的辅助者，创造清新型政商关系的协调者，劳动关系治理大数据平台的信息分享者。第三，八大集团公司应在劳动巡查、劳动争议预警预防与劳动争议调解三个方面实现前端治理的一体化联动机制，将争议化解在辖区之内，成为解决劳动关系矛盾冲突重要的“缓冲区”。第四，八大集团公司应推动下属企业建立劳资协调沟通机制，在源头上发挥预防劳动争议、提升企业劳动关系管理能力、推动民主管理制度化运作、促进劳资双方建立和谐的伙伴关系。此外，八大集团公司应与地方商会、雇主组织、区和谐劳动关系促进会、人力资源服务企业成为长期的合作伙伴，向有需求的企业输出人才的选、用、育、留等具有附加价值的服务。第五，八大集团公司向下属企业提供精细化服务，不断完善服务工作机制，与下属企业共建共治，最终能够形成可推广、可借鉴的经验。

再次，从工作机构建设的角度看，其一，区人社分局在八大集团公司设立劳动保障站，每个劳动保障站配备 3 名专职工作人员，其中区人社分局派驻工作人员 1 名、八大集团公司各派驻工作人员 2 名。区人社分局和八大集团公司负责各自派驻劳动保障站的工作人员的工资待遇。劳动保障站是八大集团公司按照构建和谐社会要求增设开展劳动人力资源和社会保障业务的服务机构，八大集团公司的劳动保障站隶属区管委会领导，接受区人社分局的业务指导。其二，建立劳动监察三级网格管理机制，以市人社局为一级管理网格的总指导、区人社分局为二级管理网格的总协调、八大集团公司为三级管理网格的具体执行。其三，区人社分局在八大集团公司组建劳动保障监察中队，中队成员由劳动保障站工作人员兼任，每个中队设中队长 1 名、队员 2 名。根据本办法确定中队的职能、分工、工作机制以及考核办法等。八大集团公司应为劳动保障站配备固定的工作场所和必要的办公设备。区人社分局负责为每个劳动保障站配备一台移动办公终端设备，通过 App 将企业用工信息、电子地图标记、劳资动态信息等实时录入系统，实现网络化管理。

最后，从工作内容上看，第一,八大集团公司充分发挥了三级网格劳动关系服务与治理工作前移的优势，对下属企业进行走访巡查、政策宣传和咨询、培训就业服务、社会保险管理和服务、争议投诉处理、企业用工信息档案管理等服务，将劳动保障工作信息及时记录并形成台账，录入劳动保障监察系统，形成信息数据库。第二,八大集团公司建立针对不同行业的人才服务平台，促进下属企业与高校、技校等各类型学校建立企业实训基地及校企战略合作关系，为企业输送更多人才。第三,八大集团公司与区和谐劳动关系促进会等专业机构合作，向企业提供规章制度改善、降低劳动关系管理风险的服务。第四，形成工作例会制度，对八大集团公司的工作进行复盘、讨论分析问题与提出解决办法，会议纪要报区管委会。

政府应对八大集团公司提出较为明确的要求。其一，八大集团公司建立工作人员专业化培育与发展机制。要求相关工作人员能够胜任劳动问题咨询员、企业劳动风险监察员、企业劳动争议调解员三个角色。其二,八大集团公司工作人员通过培训掌握劳动风险隐患的巡查技能、劳动争议调解技能以及人力资源与劳动关系管理相关的专业知识。其三,八大集团公司运用更加多元化的劳动监察机制，在走访式劳动巡查机制的基础上，引入互联网工具，整合、共享各职能部门网络平台的相关数据。其四,八大集团公司通过对大数据的分析，筛选出下属劳动关系高风险的企业名单报送区人社分局，重点进行监察。其五,八大集团公司同区和谐劳动关系促进会针对劳资隐患高风险的企业，制定企业内部风险防控建议书、劳动关系风险自查表、劳动关系风险应对方案表。定期梳理案例，形成劳动关系风险企业案例库。其六,八大集团公司对接下属企业，以互联网手段定期收集企业需求，形成需求平台。设立劳动保障公众号，通过公众号推进供给与需求的对接，在人才开放方面建立最直接的平台化、信息化服务。其七,八大集团公司推动企业建立协商、协调机制，通过与区和谐劳动关系促进会合作，激活下属企业内部劳资争议调解委员会的功能，加强并提升基层管理者沟通的能力素质，培养一批企业内部和谐劳动关系建设的人才，形成企业人才库。

地方政府要对八大集团公司的工作绩效进行考核，下一章将对考核指标和方法进行具体论述。

（二）七大社区劳动保障站的制度化运行

七大社区劳动保障站的制度建设与八大集团公司的制度建设相似，也需要以《省市共建中山火炬开发区和谐劳动关系综合试验区工作方案》为基础。

七大社区的劳动保障站包含以下工作目标：第一,七大社区作为火炬开发区和谐劳动关系构建工作中最具特色的前端治理机制的执行者，要充分体现政府为社区企业服务的意识。第二,七大社区应成为企业劳动保障政策解读服务的提供者，企业建立协商沟通机制、预防劳动争议的辅助者，创造清新型政商关系的协调者，劳动关系治理大数据平台的信息分享者。第三，七大社区劳动保障站应在劳动巡查、劳动争议预警预防与劳动争议调解三个方面实现前端治理的一体化联动机制，将争议化解在辖区之内，成为解决劳动关系矛盾冲突重要的“缓冲区”，争取做到劳资矛盾不出区。第四，七大社区劳动保障站应与地方商会、雇主组织、区和谐劳动关系促进会、人力资源服务企业成为长期的合作伙伴，向有需求的企业输出人才的选、用、育、留等具有附加价值的服务。第五，七大社区的劳动保障站向辖区企业提供精细化服务，不断完善服务工作机制，与辖区企业共建共治，最终能够形成可推广、可借鉴的经验。

在工作机构建设方面，七大社区劳动保障站也要进一步进行完善：其一，七大社区劳动保障站各配备 3 名专职工作人员，其中区人社分局派驻工作人员 1 名、七大社区各派驻工作人员 2 名。区人社分局和七大社区负责各自派驻劳动保障站工作人员的工资待遇。劳动保障站是七大社区按照构建和谐社会要求增设开展劳动人力资源和社会保障的服务机构，七大社区劳动保障站隶属区管委会领导，接受区人社分局的业务指导。其二，建立劳动监察三级网格管理机制，以市人社局为一级管理网格的总指导、区人社分局为二级管理网格的总协调、七大社区为三级管理网格的具体执行。其三，区人社分局在七大社区组建劳动保障监察中队，中队成员由劳动保障站工作人员兼任，每个中队设中队长1名、队员2名，并确定中队的职能、分工、工作机制以及考核办法等。其四，七大社区应为劳动保障站配备固定的工作场所和必要的办公设备。区人社分局负责为每个劳动保障站配备一台移动办公终端设备，通过App将企业用工信息、电子地图标记、劳资动态信息等实时录入系统，实现网络化管理。

在工作内容方面，七大社区劳动保障站充分发挥三级网格劳动关系服务与治理工作前移的优势，对辖区企业进行走访巡查、政策宣传和咨询、培训就业服务、社会保险管理和服务、争议投诉处理、企业用工信息档案管理等，将劳动保障工作信息及时记录并形成台账，录入劳动保障监察系统，形成信息数据库。七大社区劳动保障站与区和谐劳动关系促进会等专业机构合作，向企业提供规章制度改善、降低劳动关系管理风险的服务。此外，七大社区劳动保障站与辖区企业人事部门建立针对小微企业的人才需求分析与人才服务平台。植入分类治理的思维方式，形成不同类型的劳资矛盾、不同处理方式的精准化操作机制，生成流程化的工作指引，形成工作例会制度，对七大社区劳动保障站的工作进行复盘、讨论分析问题与提出解决办法，会议纪要报区管委会。

区人社局要对七大社区劳动保障站提出较为明确的工作要求。第一，七大社区劳动保障站建立工作人员专业化培育与发展机制。要求相关工作人员能够胜任企业劳动问题咨询员、企业劳动风险监察员、企业劳动争议调解员三个角色。

第二，七大社区劳动保障站的工作人员通过培训掌握劳动风险隐患的巡查技能，劳动争议调解技能以及人力资源与劳动关系管理相关的专业知识。第三，七大社区劳动保障站运用更加多元化的劳动监察机制，在走访式劳动巡查机制的基础上，引入互联网工具，整合共享各职能部门网络平台的相关数据。第四，七大社区劳动保障站通过对大数据的分析，筛选出辖区企业劳动关系高风险的企业名单报送区人社分局，重点进行监察。第五，七大社区劳动保障站同区和谐劳动关系促进会针对劳资隐患高风险企业，制定企业内部风险防控建议书、劳动关系风险自查表、劳动关系风险应对方案表。定期梳理处理的案例，形成劳动关系风险企业案例库。第六，七大社区劳动保障站对接辖区企业，以互联网手段定期收集企业人才需求，形成需求平台。设立劳动保障公众号，通过公众号推进供给与需求的对接，在人才开放方面提供最直接的平台化、信息化服务。

四、“八七模式”建设的效果评估

（一）评价指标

八大集团公司治理模式的考核评价指标体系是严格按照《八大集团公司参与劳动关系治理与服务工作办法》（以下简称《办法》）进行的，并结合对八大集团公司的实地调查、研究，制定对八大集团公司的考核指标。该考核指标分为三级，如表4.8所示。

表 4.8　八大集团公司的劳动关系治理服务工作的主要参考指标

一级指标	二级指标	三级指标
组织结构（20%）	劳动保障站建设（10%）	固定工作场所（2%）
		必要工作设备（2%）
		办公室挂牌（2%）
		相关制度上墙（2%）
		配备移动办公终端设备（可与人社系统网络联网）（2%）
	劳动保障监察中队（5%）	队长 1 名，队员 2 名，其中至少有 1 名党员（3%）
		明确队长与队员责任，并形成文本（2%）
	八大集团劳动保障站人员（5%）	区人社局派驻人员 1 名（2%）
		八大集团公司负责人员 2 名（3%）
工作内容（50%）	劳动监察监测（15%）	劳动保障监察制度定期走访企业（10%）
		劳动保障站接待企业咨询（5%）
	政策宣传与咨询（10%）	保证定期向企业宣讲、解读新的劳动政策、法律、法规（5%）
		保证为来访企业提供政策答疑服务（5%）
	培训就业服务（10%）	八大集团公司负责帮助企业联系并拓展人才招聘渠道（5%）
		八大集团公司负责收集企业培训需求，并帮助企业联系或提供培训服务（5%）
	社会保险管理（5%）	为企业在社会保险方面的工作需求提供相关服务（5%）
	企业用工信息管理（10%）	掌握企业的基本用工情况（5%）
		联合第三方机构（如和谐劳动关系促进会）向企业提供服务（5%）

续表

一级指标	二级指标	三级指标
工作效果（30%）	台账记录（10%）	各集团公司必须将相关工作内容的所有台账记录完整（5%）
		劳动争议调解和监察的台账要尽量记录完整，包含企业的基本信息、案件的基本状况以及解决的结果和问题（5%）
	经验总结（10%）	对各项工作的完成情况进行经验总结，并及时将总结的经验向企业发布（5%）
		党委参与劳动关系治理的经验总结（5%）
	定期汇报（10%）	每季度将台账记录和经验总结材料向区人社局进行汇报（10%）

备注：有关劳动争议调解的台账基本信息参考人社局劳动争议调解记录的表格

（二）考核办法

对八大集团公司的考核办法参考三级指标体系，以百分制作为衡量手段。其中组织机构部分占20%，工作内容占50%，工作效果占30%。

负责考核的部门为火炬区人力资源局，考核的主要依据就是各集团公司提交的台账记录和经验总结报告。根据台账记录的状况与经验总结报告的状况给予合理打分。分数等级分为四个级别：60—70分为合格，70—80分为良好，80—90分为优秀，90分以上的集团公司则给予相关优惠条件。

五、“八七模式”的问题与发展方向

（一）“八七模式”的运行效果

八大集团公司与七大社区劳动保障站按照各自的规定开展工作。其开展工作的步骤从组织建设开始，建立专门的劳动保障站，配备专业的工作人员。并设立专门的办公地点，接待企业就劳动关系风险的问题咨询。

八大集团公司根据《办法》中对其工作内容的要求逐一落实，要继续加强对企业日常巡查的职能，并组织监察支队的队员和相关企业代表参加有关能力素质的培训，提升负责人员在劳动争议调解和劳动关系管理方面的专业培训。

七大社区劳动保障站在过往工作经验的基础上也开始全面按照制定的政策推进各项职能，在其努力之下，劳动争议的数量明显下降。

从总体效果来看，“八七模式”实现了劳动关系治理体系的规范化建设，八大集团公司与七大社区劳动保障站的治理和区劳动关系促进会辅助性的治理形成了制度化运行；大数据信息平台形成了不同层面的联动化运行；企业自主协调的沟通机制也进入了总结与推动阶段。火炬开发区在信访工作、劳动仲裁和劳动监察等方面，取得了显著效果。

1. 在信访工作方面。截至 2018 年 12 月 13 日，火炬区人社分局劳动信访部门接到来访、来信、来电和投诉咨询案件 3698 件，与去年同期基本持平，涉及人数 5187 人，大部分为咨询案件，其中，通过电话及现场解释调处解决投诉案件 525 件，与去年同期基本持平，涉及人数 1811 人，涉及金额 1607.42 万元；另外，通过调解委员会依法受理劳动争议案件 89 件，比去年同期下降 7.29%，涉及人数 421 人，涉及金额 1181.64 万元。案件分类如下：属劳动合同的订立、解除、终止的争议案件 37 件，占立案总数的 41.58%；属克扣、无故拖欠工资的争议案件 39 件，占立案总数的 43.82%；属工伤、保险福利的争议案件 12 件，占立案总数的 13.48%；属其他争议的案件 1 件，占立案总数的 1.12%。成功调解案件 79 件，涉及人数 403 人，涉及金额 1005.17 万元，调解成功率为 88.76%。立案案件结案归档 89 件。

2. 在劳动仲裁方面。火炬区劳动争议仲裁立案有 395 件，较 2017 年同期增加 24.6%（案件比例上升的主要原因是中山火炬开发区的恒翔手袋厂行政调解立案 59 件），涉及劳动者 500 人，涉案标的额 5462 万元。案件分类如下：劳动报酬案件 147 件，占立案总数的 37.12%；解除劳动合同案件 120 件，占立案总数的 30.3%；工伤待遇案件 84 件，占立案总数的 21.21%；签订劳动合同案件 34 件，占立案总数的 8.59%；其他类型案件 11 件，占立案总数的 2.78%。

3. 在劳动监察方面。主动巡查企业 213 家，发出 186 份审查通知书，立案调查案件 43 件，较 2017 年同期增加 18.8%，发出指令书责令限期改正案件 26 件，行政处理案件 1 件，行政处罚案件 2 件。另外收到市局 12333 及局网等部门的转办投诉案件 167 件，全部在回复限期内办结。办理养老保险补缴案件 88 件。

处理企业拖欠工资案件 17 件，较 2017 年同期下降 6.25%，涉及人数 966 人，涉及金额 737.01 万元；参与处理的突发事件 13 件，较 2017 年同期下降 6.8%，涉及人数 1409 人；处理 21 件建筑工资劳资纠纷案件，较 2017 年同期下降 21%，涉及人数 1160 人。

（二）“八七模式”存在的问题

1. 八大集团公司和七大社区劳动保障站的人员配备并无专职化。“八七模式”的发展与和谐劳动关系促进会的服务功能尚未被合理地整合在一起。例如，在小微企业的规章制度与劳动关系管理方面，七大社区劳动保障站需要通过社会力量的辅助来加强对小微企业的劳动关系治理。而对八大集团公司来说，推动企业内部建立劳资沟通机制，也需要和谐劳动关系促进会在培训和氛围构建方面发挥更多的功能。“八七模式”的台账记录尚未得到有效落实，八大集团公司和七大社区劳动保障站没有对劳动风险防范、争议调解等方面的问题形成较为清晰的台账记录。同时，也未能将这些台账在人社局转化为对预防劳资纠纷有用的参考。

2. “八七模式”的可推广、可复制性尚需要进一步研究。一是八大集团公司在火炬开发区具有一定的特殊性，其直接隶属管委会领导，并且承载了诸多功能，在企业中已经建立了高度的信任关系，因此，由八大集团公司推动劳动关系的相关工作具有优势。但是，对其他地区是否具有八大集团公司的优势则无从考据。二是其他地区是否能够在小微企业较为集中的街道或社区直接设置保障站，从功能上，可以效仿火炬开发区的经验。

（三）“八七模式”的发展方向

针对以上问题，笔者对“八七模式”未来完善的方向提出以下建议：

第一，人社局需要增加八大集团公司和七大社区劳动保障站的人员配置。若在人员配置上暂时无法实现专职化，建议至少实现专业化，即兼职人员具备在劳动关系和人力资源管理方面的基本素养和技能。

第二，和谐劳动关系促进会应与八大集团公司和七大社区劳动保障站紧密结合，推动企业劳资沟通机制建设和小微企业劳动关系（部分）托管工作的实施，制订相关计划。

第三，区人社局需要督促八大集团公司和七大社区劳动保障站尽快将有关企业劳动关系巡查、劳动风险咨询、劳资纠纷调解等相关工作生成台账，以便区人社局生成数据库。

第四，针对“八七模式”的可复制性，进一步进行研究和提炼，通过比较来确定哪些功能可以为其他地区所借鉴。

第五章

协调劳动关系的社会化路径

和谐劳动关系的构建与发展已经成为我国经济社会发展的核心任务之一，2015 年，中共中央和国务院发布《关于构建和谐劳动关系的意见》指出，深刻认识构建和谐劳动关系的重大意义，切实增强责任感和使命感，把构建和谐劳动关系作为一项紧迫任务，摆在更加突出的位置。而构建和谐劳动关系的重点就在于劳动争议的预防与解决。

在中共中央大政方针的指导下，人社部提出了“预防为主、基层为主、调解为主”的新治理方针，其内涵是：和谐劳动关系的构建不仅需要政府部门、工会、劳动者、用人单位积极参与协商和协调，更需要社会组织的协同参与，将劳动关系传统的三方协商关系演进为社会组织协同参与治理的四方关系甚或多方关系，更好地发挥社会组织在构建和谐劳动关系中的作用。

2016 年 7 月，广东省人社厅提出了在深圳市坪山区建设省市共建和谐劳动关系综合试验区的构想，并以此为契机，制定了坪山区围绕“一条主线”、强化“三项建设”、实施“八大服务”、完善“六项机制”（1386）的创建思路，其中“1”

是指紧紧围绕“党委领导、政府负责、社会组织协同、企业和职工参与、体制机制保障”的主线，“3”是指“强化智慧型、法治型、服务型政府建设；强化依法理性、诚实守信、积极主动的劳动关系双方建设；强化规范自律、高度参与、充满活力的社会组织建设”；“8”是指“实施公共就业服务标准化工程，实施技能人才‘百千万工程’，实施百分制‘体检’服务工程，实施‘互联网+’劳动关系协调服务工程，实施劳动关系专业化社会组织培育规范工程，实施劳动争议社会化调解服务工程，实施小微企业劳动关系托管服务工程，实施现代市民培育工程”；“6”是指“完善劳动关系协调机制，完善劳资纠纷预警机制，完善‘5+1’快速调处机制，完善劳动保障监察执法机制，完善劳动争议仲裁效能机制，完善劳资纠纷联动机制”。引入社会力量参与调解劳动争议是坪山区在和谐劳动关系建设试验中最为突出的探索。

第一节　探索政府整合社会力量的边界

深圳市坪山区以高标准做好调解仲裁工作的顶层设计，坚持政府主导，强化制度保障，建立政府与社会组织的良好互动机制。

坪山区从社会治理的角度思考改革创新的方向，2013 年 2 月出台《坪山新区社会工作人才扶持办法（暂行）》《坪山新区培育和发展社区社会组织的实施意见》等系列文件，投入 2000 万元建设社区服务中心，培育了增进社会和谐的生力军——社工和社会组织。

同年，坪山区成立全市首家专业劳动保障领域的区级社会组织——坪山区和谐劳动关系促进会。在抓好、抓实调解仲裁基础工作的同时，坪山区做好社会组织参与劳动争议调解顶层设计，以政府为主导，以制度为保障，引导社会组织有序参与劳动争议调解。社会组织按照依法、多元、规范的参与原则承接劳动争议调解工作任务，是劳动争议调解重要的补充力量。《坪山区政府购买服务实施办法》明确以政府为主导，根据转变政府职能的要求稳妥地引导社会力量有序参与服务供给，形成改善公共服务的合力。同时，《坪山区政府购买服务实施办法》明确规定承接服务的社会力量的主体要求和考核原则。配套制定《坪山区政府购买服务目录》《坪山区政府购买服务负面清单》，明确将劳动争议裁决定义为行政裁决列入清单，排除在购买服务之列。上述文件相辅相成，较好地厘清了社会力量与政府职能边界，为社会组织承接劳动争议调解服务提供了明确的政策指引。

坪山区从业务程序、队伍培养、衔接机制等方面规范社会组织参与劳动争议的调解工作。制定《坪山区社会组织参与劳资纠纷调解指导办法》，明确社会组织参与劳动争议调解的总体原则，政府部门可将调解事务以购买服务的方式向社会组织转移，指导社会组织规范有序地参与劳资纠纷调解；制定《坪山区劳动争议案件委托调解工作办法》，规范社会组织承接仲裁部门委托的调解业务，包括委托调解原则、范围、流程等；制定《坪山区劳动争议和解协议置换仲裁调解书工作办法》，明确置换主体、审查标准、置换程序等，社会组织调解成果可置换为仲裁调解文书，保证双方当事人依约履行；制定《坪山区社会组织特邀调解员管理指导办法》，以多元化参与为原则，鼓励社会组织建立专业劳动争议调解队伍，建立健全特邀调解队伍“进退”机制、培训机制、考核机制等，以制度规范特邀调解队伍的管理，提升队伍的整体水平。

2014 年，坪山区先后被民政部确定为“全国社区治理和服务创新实验区”“首批全国社会工作服务示范地区”。社会组织的蓬勃发展及与政府之间建立的良好合作关系为引入社会力量参与劳动争议调解的改革创新提供了坚实基础。

第二节　社会力量工作的政治方向

社会组织具有较强的政治属性，是承担政府部分公共服务辅助职能的重要载体，强化党对社会组织的政治引领，有利于保证社会组织正确的发展方向，使社会组织在社会治理中发挥正能量。劳动关系是基础的社会关系之一，社会组织介入劳动关系，更应该加强党建引领，以党建促进调解服务质量的提升。

一是发挥党建思想引领作用。劳动关系是基本的社会关系之一，服务和谐劳动关系建设的社会组织需要党的思想引领，确保正确的发展方向。2013 年 8 月，坪山区和谐劳动关系促进会的党支部成立，共有 5 名党员，通过专题党课、党建宣传等方式，充分发挥党组织思想引领作用，树立劳动关系服务宗旨，培养积极分子和开展党员纳新工作，团结非党员群众共同服务和谐劳动关系建设。通过和谐劳动关系促进会平台，坪山区近 3 年共培养劳动关系协调员 300 余人，企业调解员 900 余人，积极发挥党建凝聚作用，努力构建一支党性强、作风正、素质优的劳动争议调解的社会化队伍。

二是充分发挥党建服务引领作用。坚持“以服务换信任”，把服务作为党建引领和谐劳动关系的重要内容，提供专业劳动争议调解服务，让劳动关系双方握手言和；联合专业律师团队，提供劳动关系“诊断”服务，预防劳动争议发生；提供劳动关系“柔性”服务，通过户外拓展等活动为企业员工减压，让员工全身心投入生产；落实党员联系职工群众制度，实现社会组织的党员与辖区企业的职工定点、定时联络。信任是劳动争议调解的基础之一，社会组织以党建的优质服务换取劳动关系双方的信任，有效促进劳动争议调解工作的展开。

第三节　凝聚社会力量进行调解的路径

引入社会组织参与劳动争议调解并不等同于政府将责任与工作全部外包，而是要发挥更加重要的作用，充分激发社会组织的活力，调动社会组织参与的积极性，搭建社会组织参与劳动争议调解工作的体系。

坪山区将发展路径定位在构建“区—区域”（行业、园区）劳动争议社会化调解网络之上。在区级层面上，2013 年 10 月，坪山区率先在全市成立区级的和谐劳动关系促进会，指导调解工作，培育社会调解队伍。在区域层面上，坪山区推动辖区生物医药、先进装备制造等五大主导产业组建行业调解组织，指导企业做好劳动争议的预防和调处工作。坪山区依托生物医药协会，建立生物医药行业劳动争议调解组织，调解队伍主要由生物医药企业的劳动关系协调员代表组成，服务70余家生物医药企业。

坪山区以产业园区为单位，指导工业园开展“幸福园区”社工项目，在劳动法律咨询、劳动争议调解、职业规划等方面为园区企业开展服务。“幸福园区”项目自成立以来受理员工劳动法律咨询580次，参与调解劳资纠纷278件，其中成功调解的纠纷217件，调解成功率为78%。同时在其他片区复制推广“和谐劳动关系社工服务坊”“和谐园区”等社工项目。这种发展路径背后是以试验主义的理念为指导，并进一步研究其拓展与推广的可能。

第四节　团队建设与方法应用

坪山区致力于搭建一支劳动争议调解队伍，积极推动社会调解专业化发展。从人员的培养来看，坪山区组织开展了8期劳动关系协调员（师）国家资格证书考试培训，动员各级工会职业化副主席、劳动仲裁员、规模以上企业人事主管、律师等各界人士参与，目前全区培养国家劳动关系协调员（师）300人，其中一级劳动关系师37人。企业培养专业化调解队伍，在提升企业人力资源管理水平，有效预防企业的劳资争议上起到了劳资纠纷源头治理效果。

团队化发展也是专业化调解发展的主要机制。坪山区建立了一支 30 人的特邀调解员队伍。通过以案定补的方式，鼓励特邀调解员参加仲裁机构委托的调解工作，自 2014 年以来，成功调解劳动争议案件 508 件，涉及金额 850 余万元，调解成功率为 90% 以上。

建立特邀调解队伍，一方面是对劳动仲裁办案力量的有效补充，提升办案效率；另一方面是提升企业人事劳动关系管理水平，有效预防企业劳动争议。据统计，特邀调解员所在企业的劳动争议案件为零。

专业化调解方法的运用有助于劳资矛盾化解在源头。通过以下两个和谐劳动关系促进会介入的经典案件为例，对专业化调解方法的过程进行说明与分析。

案例一：从情绪冲突到理性妥协

杨某在某企业担任生产小组组长，于 2014 年 6 月申请劳动仲裁，征得劳资双方当事人同意后，和谐劳动关系促进会提前介入。经了解，杨某在职期间，曾有多次违反企业规章制度的行为，该企业也曾多次找杨某谈话，杨某当时口头承诺以后会遵守公司的规章制度。2014 年 6 月 15 日，杨某因在上班期间打瞌睡导致产品报废，公司以多次违反公司规章制度为由与杨某解除劳动合同关系并拒绝支付其经济补偿金，杨某不服，因此申请劳动仲裁，要求企业支付解除劳动合同的经济补偿金。

和谐劳动关系促进会初步掌握情况后派出 2 名兼职调解员

进行跟踪调解，调解员在掌握双方当事人的情况后，开始预约双方当事人协商。在调解当日，调解员让双方当事人各自谈谈想法和诉求，但由于申请人情绪较为激动，第一次调解宣告失败。

在吸取调解失败的教训后，和谐劳动关系促进会选取由社工和企业人事经理组成的调解小组进行跟踪调解，调解小组决定采取“背靠背”的调解策略。调解开始后，作为企业人事经理的兼职调解员充分运用自身也是来自企业管理方的优势，开门见山地指出企业的做法不当，认为其没有足够的依据能证明申请人严重违纪，只是因为一两次在上班期间睡觉的情况很难说明申请人严重违纪，且作为处罚依据，在企业的规章制度中也并没有向员工公示。所以企业面临涉嫌违法解除劳动关系的风险，可能需支付双倍赔偿金。原本强势的企业代表此时也表示确实有处理不当的地方，愿意与员工协商。而社工兼职调解员则更多从人性化的角度和申请人面谈，在交谈过程中，充分运用社会工作的专业方式，采用社会工作中的倾听、同理、情感支持等技巧，让申请人感受到调解员的温暖以及被理解；从而有效降低申请人的怒气，使其从一开始的抱怨到最后愿意听取调解员的建议，并理性地看待自身问题。就问题的本身，申请人也说出了自己存在的过错。经过调解员耐心、专业的调解，双方当事人表示同意各退让一步，就解决方案达成了一致并签署了调解协议书。

该案例折射出专业化调解的三个重要策略：其一，针对有情绪问题的，需要暂时停止调解进程，以寻求更好的时机。其二，闭门调解的方式有利于劳资双方回归理性，认清形势，追求合意。其三，团队组合，分工明确的调解方式，更有利于调解中实现兼顾情、理、法。

案例二：建立信任与促进协商

宋某，男，36 岁；杨某，男，42 岁；黄某，女，31 岁，三人于 2013 年 4 月就职某企业一线岗位，在职期间，企业分别拖欠宋某、杨某、黄某于 2014 年 7 月、8 月、9 月的工资 6700 元、5800 元、6300 元，2014 年 10 月宋某、杨某、黄某申请劳动仲裁，要求该企业支付宋某、杨某、黄某于 2014 年 7 月、8 月、9 月的工资，合计 18800 元。

2014 年 10 月，征得双方当事人同意后，和谐劳动关系促进会提前介入，初步了解问题后，明确该案件是一起拖欠工资案件。考虑到该案件属于违反劳动法律的问题，较为明确，劳动关系促进会以社工和企业人事经理组成的调解小组进行跟踪调解，在交谈过程中，调解员了解到该企业由于经营不善拖欠了申请人宋某、杨某、黄某于 2014 年 7 月、8 月、9 月的工资，其间，申请人宋某、杨某、黄某曾多次找到公司负责人要求支付被拖欠的工资，该企业也曾承诺会支付被拖欠的工资，但却一直没有真正履行诺言，由于情况属实，双方当事人对此事没有任何异议，申请人宋某表示只要在两个月后把剩余工资足额支付就可以协商，而申请人杨某则表示两个月时间太长且本人不在深圳，故要求被申请人于 2014 年 10 月 31 日前足额支付，申请人黄某则表示至少在 2014 年 10 月 31 日前支付一部分工资；而被申请人当场表示该月不能全部支付，调解工作一度暂停，考虑到双方当事人人数较多，调解工作一度难以进行。

第二次调解，调解员并没有采取开门见山的方法让双方陈述各自的诉求，也没有让双方围绕拖欠工资这个话题过多地交流；而是以一种较为轻松的交流方式进行，让双方珍惜共事时的感情。调解员此次采取的是感情牌策略，让双方学会释怀，为接下来的调解工作做了良好的铺垫。在申请人彼此之间不能很好地统一意见时，调解员分别进行一对一面谈，以便有效地让申请人彼此能统一意见，其中，社工调解员更是充分运用社会工作的方式进行调解，在交谈过程中充分运用倾听、情感支持、同理心等技巧，让申请人感受到调解员的诚心，同时，社工运用了自我披露的技巧，充分让申请人感受到调解员对其的信任，从而为调解工作拉开一个良好的开端，与申请人建立了良好的专业关系，调解员告知申请人，该企业不是恶意拖欠其工资，而是确实由于经营不善，所以才未及时支付，硬是强烈地要求支付并不能很好地解决问题。申请人也表示谅解，但希望被申请人可以尽快支付被拖欠的工资；而来自企业人事经理的兼职调解员则充分运用自身也是来自企业管理层的优势，直截了当地指出企业的做法不当，拖欠工资本身就是违法的，不管是任何理由都存在着法律风险；申请人完全有依据要求其支付因拖欠工资造成的经济补偿金，继续仲裁则对企业产生不利的后果，原本强硬的企业也不得不表示确实有处理不当的地方，表示会尽最大的努力及时支付员工被拖欠的工资。经过几轮协商，双方当事人感受到调解员的专业和公正，最后在调解员的协助下，双方就解决方案达成一致并签署了调解协议书。

该经典案例折射出专业化调解的重要策略：建立信任与促进协商。第三方调解组织介入劳资冲突的解决，如果不能通过有效的沟通建立信任，则很难做到中立、客观，也必然在公信力上受到来自劳资双方的挑战。

第五节　社会力量良性发展的双重评估机制

坪山区在开展专业化调解工作的基础上，更加强调反思精神，即对社会组织调解工作的效果进行评估。建立健全社会组织工作效果的评估机制有利于更好地发挥社会组织在管理社会事务中的作用，确保社会组织的良性发展。其一，实行市场化质量监管。社会组织提供调解服务，接受主体为用人单位和劳动者，服务质量应以市场化标准衡量评价。鼓励在社会组织提供的服务中建立市场化考核评价机制，服务质量监督流程化。2016 年，坪山区和谐劳动关系促进会通过国际质量管理体系认证，将劳动争议调解、劳动关系咨询、培训组织等核心业务服务纳入质量管理体系。劳动争议调解流程化，从开始调解到结束调解共分为 8 个程序，实现调解业务规范化。同时，提出了“依法依规、规范专业、快速高效、持续改进”的质量方针和“同心协力、共创优质、满足顾客、超越期望”的管理承诺，进一步规范和完善组织建设和管理模式，制定劳动关系服务业务规范，充分发挥区级和谐劳动关系促进会的行业引领作用。其二，建立第三方监管机制。建立第三方服务质量动态监管机制，每季度形成服务质量报告，每半年开展一次绩效评估，3 年合约期满后开展一次综合评估，邀请政府职能部门、企业、员工代表等多方参与，建立以服务对象的满意度为基本标准，由第三方评估机构对服务成效进行科学评估的监管评估机制，确保社会组织参与劳动关系服务有序、规范。

社会组织积极有序参与社会治理，既是社会治理的应有之义，也是社会组织肩负的光荣使命。作为政府部门应大胆创新、综合施策，培育和引导社会组织管理创新，既要加强组织领导，落实工作责任，又要厘清政府职能边界，强化社会组织服务监管。最重要的是应基于社会组织较强的政治属性，强化党对社会组织的政治引领，引导社会组织发挥正能量。作为社会组织自身，应杜绝“等米下锅”，要找准定位，明晰路径，进一步加强自身规范化、专业化建设，用优质的服务创造优质的发展空间，助力政府管理与基层群众的良性互动，实现社会组织“自我造血”与社会治理的双赢。坪山区是深圳“东进战略”的重要堡垒，对社会建设高度重视，在社会组织积极有序参与劳动管理方面开展了积极探索和务实改革。创新社会治理、参与社会共治、促进劳动关系和谐稳定，为经济建设和各项建设提供了良好的发展环境。坪山区的改革、试验一直在路上。

参考文献

1. 常凯：《集体行动权立法问题的思考》,《学海》，2005年第4期，第43–55页。

2. 陈布雷：《劳权与发展：权利论与功能论的多元分析》,北京：法律出版社，2009年版，第233–234页。

3. 陈伟光：《忧与思——三十年工会工作感悟》，北京：中国社会科学出版社，2012年版，第1–55页。

4. 陈伟光：《劳资博弈下的难产儿——评广东省企业集体合同条例》，集体劳动关系规制与集体协商谈判国际研讨会，2014年12月。

5. 程秀英：《循环式国家：转型中国的符号式劳动治理机制探析》,《社会》，2015年第2期，第192–217页。

6. 程延园、谢鹏鑫、王甫希：《我国集体争议处理制度：特点、问题与机制创新》,《中国人民大学学报》，2015年第4期，第27–33页。

7. 窦学伟：《“集体劳动关系”还是“类单位制”？——中国劳动关系变革的两个方向》,《甘肃社会科学》，2016年第3期，第210–214页。

8. 冯同庆：《中国职代会制度，一个有希望的憧憬》，《中国工人》，2011 年第 6 期，第 13–15 页。

9. 雷晓天：《国家 / 资本与劳工：中国集体协商制度发展的形塑力量——基于文献的思考与启示》，《中国人力资源开发》，2016 年第 10 期，第 102–108 页。

10. 李春云：《中国劳资集体对话不同类型对比分析——以广东为例》，《中国人力资源开发》，2014 年第 5 期，第 111–117 页。

11. 李琪、戴春：《企业并购中的集体劳动争议及其影响》，《中国人力资源开发》，2014 年第 13 期，第 82–87 页。

12. 李琪、段毅：《中国集体劳动关系和谐运行面临的挑战与对策：基于行动型集体劳动争议的分析》，2015 年（未刊稿）。

13. 刘爱玉：《选择：国企变革与工人生存行动》，2005 年版，北京：社会科学文献出版社。

14. 刘诚：《集体行动法》，常凯主编《劳动法》，2011 年版，北京：高等教育出版社。

15. 孟泉：《谈判游戏中的说和人——以 DLDA 区工会为例》，载沈原主编，《清华社会学评论》（第六辑），2012 年版，北京：社会科学文献出版社，第 238–257 页。

16. 孟泉：《塑造基于“平衡逻辑”的“缓冲地带”：沿海地区地方政府治理劳资冲突模式分析》，《东岳论丛》，2014 年第 5 期，第 47–54 页。

17. 孟泉、陈尧：《中国劳动关系集体化转型趋势下的产业行动治理策略研究》,《中国人力资源开发》, 2014 年第 7 期, 第 92–98 页。

18. 孟泉、刘明月:《什么是社会劳动关系? ——概念辨析、调整对象与分析框架》,《中国人力资源开发》, 2017 年第 6 期, 第 137–145 页。

19. 清华大学社会学系课题组:《困境与行动——新生代农民工与“农民工生产体制”的碰撞》, 载沈原主编《清华社会学评论》, 2012 年第六辑, 第 46–131 页。

20. 佟新:《延续的社会主义文化传统——一起国有企业工人集体行动的个案分析》,《社会学研究》, 2006 年第 1 期, 第 59—76 页。

21. 涂伟:《论我国产业行动的立法——基于德国的经验》,《中国人力资源开发》, 2013 年第 1 期, 第 100–104 页。

22. 王同信、李莹、冯力:《深圳职工队伍与工会工作的状况、特点及发展趋势》, 载于汤庭芬主编《深圳劳动关系发展报告》, 北京: 社会科学文献出版社, 2013 年版, 第 169 页。

23. 王同信:《集体协商不可承受之轻: 盐田国际“9 · 1”集体行动事件记事与反思》,《中国工人》, 2014 年第 8 期。

24. 汪建华:《实用主义团结——基于珠三角新工人集体行动案例的分析》,《社会学研究》, 2013 年第 1 期 , 第 206–227 页。

25. 汪建华、孟泉:《新生代农民工的集体抗争模式——从生产政治到生活政治》,《开放时代》, 2013 年第 1 期, 第 165–178 页。

26. 汪建华、孟泉、郑广怀、沈原：《在制度化与激进化之间：中国新生代农民工的组织化趋势》，《二十一世纪》，2015年第4期。

27. 汪建华、石文博：《争夺的地带：劳工团结、制度空间与代工厂企业工会转型》，《青年研究》，2014年第1期，第53–61页。

28. 汪建华：《产业转型背景下珠三角的集体劳资纠纷》，《二十一世纪》，2018年第6期，第87–104页。

29. 闻效仪：《工会直选：广东实践的经验与教训》，《开放时代》，2014年第5期，第54–65页。

30. 闻效仪：《工人群体性事件的转型与政府治理》，《中国人力资源开发》，2013年第5期，第81–85页。

31. 吴清军：《国企改制与传统产业工人转型》，北京：社会科学文献出版社，2010年版。

32. 吴清军：《集体协商与"国家主导"下的劳动关系治理——指标管理的策略与实践》，《社会学研究》，2012年第3期，第66–89页。

33. 吴同、文军：《自我组织与遵纪守法：工人依法维权的集体行动策略以上海企业工人抗争为例》，《社会》，2012年第5期，第121–141页。

34. 武雅彤、王晶：《企业工会改革的可能性与局限性——基于组织有效性与合法性关系的考察》，《中国人力资源开发》，2017年第7期，第149–159页。

35. 肖竹：《群体性劳动争议应对中的政府角色》，《行政法学研究》，2016 年第 2 期，第 77–84 页。

36. 谢岳：《从“司法动员”到“接头抗议”——农民工集体行动失败的政治因素及其后果》，《开放时代》，2010 年第 9 期，第 46–56 页。

37. 徐小洪：《劳动者：从“主人翁”向“雇佣劳动者”的转变》，常凯、乔健编《中国劳动关系报告：当代中国劳动关系的特点和趋势》，2009 年版，第 77–109 页。

38. 翟玉娟：《集体协商制度构建的亮点与不足——对〈深圳经济特区集体协商条例（征求意见稿）〉的评析》，《马克思主义与现实》，2012 年第 2 期，第 186–191 页。

39. 郑广怀：《劳工权益与安抚型国家——以珠江三角洲农民工为例》，《开放时代》，2010 年第 5 期，第 27–38 页。

40. 周雪光：《组织社会学十讲》，北京：社会科学文献出版社，2003 年版，第 35–78 页。

41. 常凯：我国劳资集体争议的法律规制体系建构研究 . 南京大学学报（哲学 · 人文科学 · 社会科学）。

42. 陈峰：（2009）. 国家、制度与工人阶级的形成——西方文献及其对中国劳工问题研究的意义 . 社会学研究（5），第 165–188 页。

43. 陈维政，任晗，朱玖华，王西枘，陈玉玲：（2016）. 中国企业工会角色冲突对工会职能作用发挥的影响和对策研究 . 管理学报，13（3），第 315–324 页 .

44. 程秀英：（2015）. 循环式国家：转型中国的符号式劳动治理机制探析 . 社会，35（2），第 192–217 页。

45. 程延园，谢鹏鑫，王甫希：（2015）. 我国集体争议处理制度：特点、问题与机制创新 . 中国人民大学学报 ,V29（4），第 27–33 页。

46. 蒋婷：（2014）. 劳动集体谈判制度研究 .（博士学位论文）. 兰州：兰州大学。

47. 孟泉：（2014）. 塑造基于“平衡逻辑”的“缓冲地带”——沿海地区地方政府治理劳资冲突模式分析 . 东岳论丛 , 35（5），第 47–54 页。

48. 雷晓天：（2016）. 国家 / 资本与劳工：中国集体协商制度发展的形塑力量——基于文献的思考与启示 . 中国人力资源开发（21）, 第 102–108 页。

49. 汪建华：（2013）. 实用主义团结——基于珠三角新工人集体行动案例的分析 . 社会学研究（1）, 第 206–227 页。

50. 汪建华：（2018）. 产业转型背景下珠三角的集体劳资纠纷 . 二十一世纪（6）, 第 87–104 页。

51. 王黎黎：（2014）. 地方政府在工资集体协商中的角色偏差与归位 . 宏观经济研究（4）, 第 121–126 页。

52. 闻效仪：（2012）. 工人群体性事件的转型与政府治理 . 中国人力资源开发（5）, 第 81–85 页。

53. 吴清军：（2012）. 集体协商与“国家主导”下的劳动关系治理——指标管理的策略与实践 . 社会学研究（3）, 第 66–89 页。

54. 徐景一：（2015）. 经济新常态背景下地方政府治理集体劳动争议模式研究 . 当代经济研究（8）, 第 91–96 页。

55. 杨清涛:（2018）. 发挥政府在构建和谐劳动关系中的主导作用 . 人民论坛（9）, 第 66–67 页。

56. 周春梅:（2011）. 构建和谐劳动关系的困境与对策 . 南京社会科学（6）, 第 85–92 页。

57.Burawoy, M（2011）'The Roots of Domination: Beyond Bourdieu and Gramsci', *Sociology*, Vol. 46（2）, pp. 187–206.

58.Burstein, P.（1991）"Legal Mobilization as a Social Movement Tactic : The Struggle for Equal Employment Opportunity", *The American Journal of Sociology*, Vol. 96, No. 5, pp. 1201–1225.

59.Cai, Y. S.（2008）'Local Governments and theSuppression of Popular Resistance in China', *The ChinaQuarterly*, No.193, pp. 24–42.

60.Chan, C., Pun, N. and Chan, J.（2010）'The Role of the State, Labour Policy and Migrant Workers' Struggles in Globalized China' in P. Bowles and J. Harriss（ed）*Globalization and Labour in China and India*, Hampshire: Palgrave Macmillan.

61.Chan, C. and E. Hui（2012）, 'The Dynamics and Dilemma of Workplace Trade Union Reformin China: The Case of the Honda Workers' Strike', *Journal of Industrial Relations*, 54（5）, pp. 653–668.

62.Chang, K.（2013）, 'Legitimacy and the Legal Regulation of Strikes in China: A Case Study ofthe Nanhai Honda Strike', *International Journal of Comparative Labour Law and*

IndustrialRelations, 29, 2, pp 133–144.

63.Chang, K. & Cooke. F. L. (2015) 'Legislating the Right to Strike in China: Historical Development and Prospects' , *Journal of Industrial Relations*, Vol.57 (3) , pp. 440–455.

64.Chen, F. (2003) 'Between the State and Labor: The Conflict of Chinese Trade Unions' Dual Institutional Identity' , *The China Quarterly*, No.176, pp. 1006–1028.

65.Chen, F. (2009) 'Union Power in China: Source, Operation and Constraints' , *Modern China*, Vol. 35, No. 6, pp. 662–689.

66.Chen, F. (2010) 'Quadripartite Interactions of Strike Settlement in China' , *The China Quarterly*,201, pp. 104–124.

67.Chen, F. and XiaoTang. Meng, (2013) 'Labour Conflict in China: Typologies and Their Implications' , *Asian Survey*, Vol. 53, No. 3, pp. 559–583.

68.Chen, F. (2015) 'China' s Road to the Construction of Labor Rights' , Journal of Sociology, No.6, pp. 1–15.

69.Cooke, F. L. (2014) 'Chinese Industrial Relations Research: In Search a Broader Analytical Framework and Representation' , *Asian Pacific Journal of Management*, 31, pp. 875–898.

70.Edwards, P. (1995) "Strikes and Industrial Conflict" , In Paul. Edwards (eds) *Industrial Relations: Theory and Practice in Britain*, Oxford: Blackwell. pp. 434–460.

71.Friedman, E. (2013) 'Insurgency and Institutionalization: The Polanyian Countermovementand Chinese Labor Politics' ,

Theory and Society, 42（3）, pp. 295–327.

72.Friedman，E.（2014）*Insurgency Trap: Labor Politics in Post-socialist China*, New York: Cornell University Press.

73.Gallagher, M.（2006）Mobilizing the Law in China: ‘Informed Disenchantment’ and the Development of Legal Consciousness, *Law & Society Review*, Vol. 40, No.4, pp. 783–816.

74.Gallagher, M., S., Lee, C. K. and S. Kuruvilla.（2011）“Introduction and Argument”，In Kuruvilla, S., C. K. Lee, and M. Gallagher,（eds）*From Inron Rice Bowl to Informalization:Market Workers, and the State in a Changing China*, New York: Cornell University Press. pp. 1–16.

75.Hui, E. and C. K. C. Chan,（2014）The Politics of Labour Legislation in Southern China: How Foreign Chambers of Commerce and Government Agencies Influence Collective Bargaining Laws, *International Labor Review*, Vol. 153, No. 4, pp. 587–607.

76.Hyman, R.（1975）, *Industrial Relations—A Marxist Introduction*, London: Macmillan Press.

77.Hyman，R.（1989）*Strikes*（4⑳⑧ ed.）, London: Macmillan Press.

78.Jackson, P. M.（1987）*Strikes: Industrial Conflict in Britain, U.S.A. and Australia*, Sussex: Wheatsheaf Books.

79.Kelly, J.（1998）*Rethinking Industrial Relations: Mobilization, Collectivism and Long Waves*, London: Routledge.

80.Lee, C.K.（1998）‘The Labor Politics of Market

Socialism', *Modern China*, Vol. 24（1）: pp. 3–33.

81.Liu, M. W.（2013）'China', In Frege, C. and J. Kelly,（eds）*Comparative Employment Relations in the Global Economy*, London: Routledge, pp. 324–345.

82.Leung, W. Y.（1998）'The politics of Labour Rebellions in China: 1989 - 94.' PhD dissertation, University of Hong Kong.

83.Lyddon, D.（2008）"Strikes: Industrial Conflict under New Labour", In Gary. Daniels, and John. McIlroy（eds）*Trade Unions in a Neo-liberal World: British Trade Unions under New Labour*, New York: Routledge. pp. 316–341.

84.Lyddon, D., X. Cao, Q. Meng and J. Lu,（2015）'A Strike of 'Unorganized' in a Chinese Car Factory: the Nanhai Honda Event of 2010', *Industrial Relations Journal*, Vol. 46（2）, pp. 134–152.

85.Meng, Q. and J. Lu,（2013）'Political Space in Achievement of Collective Labor Rights: Interaction between Regional Government and Workers' Protest', *Journal of Comparative Asian Development*, Vol12, No.3, pp. 465–488.

86.Swider, S.（2015）*Building China: Informal Work and New Precariat*, New York: ILR Press.

后　记

一直以来，我都想撰写一本有关劳动关系治理的专著，初心始于2014年末，我的研究旨趣逐步从集体性劳动争议的调处转向集体劳动争议或群体性劳动纠纷的预防和治理。近5年来，我主要的田野调查集中在天津、大连、深圳和中山这四个城市，从关注政府和企业在劳动关系治理和劳动关系管理方面的实践到参与政府治理的设计和企业管理的建言过程中，深刻地感受到依靠劳动关系治理的经验，企业能够在高效和持续之间找到平衡点实为不易。

本书的形成得益于我通过田野研究和参与实践而撰写的多份调查报告和工作论文，通过弱化研究报告和论文中较为理论的部分，以实践的角度呈现各地的治理经验、模式、机制和策略，并提炼出可以借鉴的操作流程，这也是一种新的尝试。同时，我也希望此书能为在劳动关系实务工作岗位上的朋友提供一些有学习价值的知识。

本书能付梓出版，首先，感谢我的夫人徐旭的大力支持。其次，我要感谢参与本书内容撰写的三位专家，英国基尔大学（Keele University）商学院的副教授曹学兵，深圳市坪山区人力